나는 흔들린다, 속삭이려고,
흔들린다, 귀 기울이려고

ⓒ빛방울화석, 2023

빗방울화석 백두대간 정맥 시집

나는 흔들린다, 속삭이려고,
흔들린다, 귀 기울이려고

※일러두기

본문 가운데 일부 낱말과 표현은 시어의 상징성과 리듬감을 살리기 위해 국립국어원의 표기법을 따르지 않았습니다.

시 앞에

　산경표가 알려지기 전까지 일반 산행은 산에 올라 산의 정상을 밟고 내려오는 게 그 목적이었다. 중간에서 산허리를 도는 정도의 가벼운 산행을 즐기는 사람도 있지만 대부분은 산봉우리에 오르는 것을 목표로 삼는다.
　그런데 산경표가 알려지고 산악인들이 대간과 정맥을 타기 시작하면서 산행에 대한 인식이 많이 달라졌다. 산행은 산봉우리 하나를 오르는 등산 개념이 아니라 능선을 타고 여러 산과 봉우리를 넘는 종주 개념으로 바뀌었다. 산행이 단순 취미 이상의 어떤 의미 있는 행위로 부각되기 시작한 것이다. 일반 산행에서는 가고자 하는 산만 보며 산에 오르지만 대간과 정맥을 타는 사람들은 그 산줄기가 대간이나 정맥 줄기라면 어디서든 민족의 영산인 백두산을 향해 오른다. 대간길과 정맥길은 산이라기보다는 민족정신을 향해 가는 순례길이 되었다. 그래서 백두산을 향해 가는 길은 통일이 되기까지는 단숨에 갈 수 없는 길이다. 가도 가도 숨차는 길이고 고통스럽고 아픈 길이지만 가야 할 길이다.
　우리도 처음엔 산늪이나 설악산, 지리산 등을 다니다가 대간과 정맥을 타면서 조금씩 일반 산행과 종주 산행을 병행하게 되었다. 산 하나하나의 지리적 조건과 역사적 상황을 기억하며 지나는 동안 30년이 흘렀다.

　대간 시에 이어 여기 모은 우리의 정맥 시들은 30년 동안 같은 목적으로 쓴 공동 체험 산행 시들이다. 어느 시든 답사적 성격을 띠기도 하고 내용에 따라 서로 상보적 관계를 유지하기도 한다.

　시에서는 굳이 대간과 정맥을 구분할 필요가 없었지만 대간보다 정맥 체험이 늦어졌기 때문에 자연스레 대간과 정맥 시집이 구분되었다. 실제로 비무장지대의 긴장감과 분단의 아픔은 대간과 정맥의 차이에서 오는 게 아니라 상황 인식의 차이에서 오는 것이다. 대간의 향로봉과 정맥의 적근산에서 느끼는 아픔은 우리가 처한 현실 그대로의 분단 상황에서 오는 아픔이다. 다만 대간이 더 강렬하게 느껴지는 것은 대간이 중심 산줄기라는 심리적인 인식과 지리적 조건 때문일 것이다.

　대간이나 정맥이 아니라도 독도나 말도 혹은 그 어느 무인도에서든 우리 사는 곳에서 고통이 오는 곳은 근본적으로 분단 상황과 연결되어 있다. 여기 모은 정맥 시편은 분단 상황이 낳은 시편이다.

　어디서 누구와 올라도
　대간길은 오를수록 뜨겁고
　정맥길은 높고 푸르다.

2023년 빗방울화석

차례

시 앞에 · 5

낙동정맥

산늪 1 · 19
대박등 해바라기 밑에서 · 20
구문소 · 22
통리역 · 23
통리협곡에서 · 24
철암 · 26
남방한계선 · 28
이단 · 30
길등재 · 32
동네 뒷산 오르듯 · 34
박쥐구멍을 찾아서 · 36
무제치늪 · 38
켜켜이 간직하는 줄 모르고 · 40
끈끈이주걱 · 42
기다리다 보면 · 44

단조늪 · 46
숨 · 47
잠자리와 함께 · 49
영혼그림 1 · 51
영혼그림 2 · 53
천성산 늪에서 · 55
화엄벌 마당바위 · 57
도롱뇽 옆에서 · 58
천성산에서 · 60
속잎 피우며 · 62
바람억새 · 64
바위의 빛으로 · 66
누구나 정맥 하나 감고 있다 · 68
들리나요? · 69
몰운대에서 · 71

낙남정맥

인도기러기 · 77
나밭고개 · 79
담안리 · 81
무학산 까마귀 · 83
유수교를 건너면서 · 84
스치는 향기 · 86
발자국 · 87

섬진강이 흘러 들어온다 · 88
말하라 · 90
구들장 밑에서 · 94
묵계 · 96
지리산 삼신봉을 오르며 · 98

호남정맥

지리산 가는 길 · 103
떠오르는 길 · 105
반란군 · 107
그 산에 가려고 · 108
매화 마을에서 · 111
검은 산 · 113
편백나무 사이로 · 115
꺾여도 · 117
보림사 보물일까? · 119
계당산 봄까지꽃 · 121
쌍봉사에서 · 123
너릿재를 넘다 · 125

너릿재 · 128
무등, 무등산이여 · 129
이나무와 굴참나무 · 131
추령에서 · 132
붕어섬 · 134
물속마을 따라 · 137
짱돌 · 139
정맥길 · 141
불행을 막기 위한 일 · 143
무명씨들 1 · 146
무명씨들 2 · 149

금남호남정맥

조약봉 가는 길 · 153
심통 · 155
황해 1 · 157
뜬봉샘 · 159
무진장 여름 · 161
마이산 · 163
데미샘 · 164
나제통문 · 165
돌아오지 않는 과거는 없다 · 166
버찌 산행 · 169
산이 산을 향하면 · 172
장안산 · 176

금남정맥

부소산에서 · 181
기둥 · 182
신동엽 옆에서 · 184
그 후 소식 없이 · 186
육군통신학교 · 188
제발 개틀링건 좀 쏘자 · 189
우금치고개 · 192
대둔산 소년 · 196
물결 · 198
말집 · 200
나무 밑으로 · 202

금북정맥

갈음이해수욕장 · 205
모래능선 · 207
일엽 스님을 스치다 · 208
명당 2 · 210
오서산 1 · 211
다락골 줄무덤 · 214
구룡리 · 215
구봉광산 뉴스 · 217

로드킬 · 218
바우덕이 무덤 · 220
제멋대로 휘어진 · 222
아는 얼굴 · 224
명당 1 · 226
바람결에 눈 흔적 · 227
팽나무에서 내려온 길 · 229

한남금북정맥

칠장산, 초가을, 4시 · 233
칠장산에서 · 235
앉은뱅이꽃 · 237
건너뛴 한 구간 · 239
또 하나의 바람 · 242
큰산의 정기 · 244
간벌 · 246
낙가산을 찾아 · 247
바람주머니 · 249

북상골 · 251
오장환 생가 · 253
두루봉동굴 · 255
내려온 능선 · 258
시루산에서 · 259
무수목 · 260
줄넘기 · 262
연리지 · 264

한남정맥

보구곶 · 267
산책 · 269
문수산 역암 · 270
다시 정맥으로 · 272
다시, 살고싶다 · 274
넘은 산, 흘러오네요 · 277
중심성을 쌓으라 · 280

계양산 · 282
끝나지 않은 기도 · 283
날개 밑에서 · 285
혜산의 퀸셋 작업실 1 · 286
혜산의 퀸셋 작업실 2 · 288
열원을 지나며 · 291
살고 싶다 · 293

한북정맥

노적봉을 향하여 · 299
우이령을 걸으며 · 301
가느다란 미소 · 302
유성이 온다 · 304
꽃을 기다리는 동안 · 307
마애여래 미소 · 309
산벚나무 아래 · 310
겨울 도치 · 311
고래숨처럼 · 315
덩굴손 · 318
절집마을 · 320
봄은 빛쟁이들에게서 온다 · 322
만경대에서 · 325
고독의 길 · 327
인수봉 · 329
후등 · 331
백운대 · 334
사패산 가재 · 335
아름다운 아픔 · 337
현등사 목탁 소리 · 338
들리지? 그 소리 · 339
바람에 불려 간 날 · 341
태풍에 쓰러져도 · 342
국망봉 가는 길 · 344
춤을 춥시다 · 346
국망봉에서 2 · 349
산에서 산을 찾고 있네 · 352
생창리 · 354
먼 산 바라보려거든 · 356
대성산을 내려오며 · 358
타버린 길 · 359
금강산선 · 360

산문

신대철　그림자 그림에 대하여 · 365
　　　　새 · 369
　　　　율리 김의 음유시를 들으며 · 374
　　　　초원의 빛—시 속의 서사 · 382
　　　　차창과 야생창 · 390
　　　　실미도에 대한 명상 · 394
김택근　미나리와 애틀랜타 누님 · 402
김홍탁　시인을 찾아서 · 406
손필영　백두대간 길 · 421
　　　　낙남정맥에 맺힌 작은 열매 · 425
　　　　최소한으로 소비하고 최대한으로 존중하기 · 428
　　　　아직도 지평선을 걷고 있다 · 432
　　　　나의 시 한 편 · 438
　　　　모든 인간은 대륙의 한 조각, 전체의 일부 · 443
　　　　꿈을 갖는다는 것 · 447
조재형　분단의 벽을 넘어 · 451
최수현　발자국 · 457
　　　　샐비어 유산 · 460
　　　　발원지를 찾아 · 463

이승규	금강산에서 만나는 사람 · 469
	누구에게나 배후가 있다면 · 474
	빛나는 소리 · 476
	태백에서 왔다 · 481
	북한산 이야기 · 485
박성훈	멀미 · 488
장윤서	오늘도 · 493
	안녕 · 499
	나무 데크를 놓을까 걷어 치울까 · 504
	영혼의 소리 · 510
한국호	봄이 다시 왔다 · 517
오하나	산책 · 521
	갈음이해수욕장 · 525

빗방울화석 시인들 · 530
시인별 시 찾아보기 · 531

낙동정맥

산늪 1

신대철

내 맞은편에 사는 너를 만나기 위해 밤새 달렸다. 통도사 입구에서 고속도로를 버리고 그 밑으로 난 굴다리를 지나 심장을 세 번 갈아 끼운 고물차를 벗어버리고 흐르는 물도 푹푹 빠지는 억새밭을 끼고 올라갔다. 늪 이름 대신 공동묘지를 물어야 봉분 사이로 트이는 길, 정족산 구 부 능선에 이르자 해가 기운다.

물매화, 끈끈이주걱, 도롱뇽, 물땡땡이
그 옆 어디서 너는 오고 오고 있을까.

오고 오는 내 발을 스치며 온몸에 퍼지는 물, 그 물이 돌고 돌아 늪으로 빠져나가기 전에 내 몸에서 네 숨결을 듣고 싶다.

나는 흔들린다, 속삭이려고, 흔들린다, 귀 기울이려고

대박등* 해바라기 밑에서

손필영

    탄광촌 빗물 깊게 스몄던 태백도 흘러갔다. 피재로 올라 세 물줄기 더듬다 소 울음소리에 젖어 해바라기동산**에 올랐다. 마루금 햇살 줄기 타고, 밤바다 바람줄기 타고 서리서리 투명한 해바라기는 초가을, 트랙터와 뒤집힌 흙덩이 속에서 피었다 졌다. 내 앞에선 언제나 몸도 꿈도 얼리는 햇살과 폭발하는 바람.

  대박등을 향해 숨을 고르자
  상수리나무 길게 그늘을 늘인다
  나 없이도 나를 잡아주던 손들
  돌아선 뒤에도 입가에 맴도는 미소

  쓰러지지 않으려고 나는 해바라기 밑에서 무엇으로 피었지?

  잘못 든 길에서 만난 어린 사스래나무?
  날아가다 허공에 박힌 오목눈이?

* 가파른 절벽 능선 중 꼭대기를 의미하는데 '大朴'은 대배기(꼭대기를 의미하는 경북 방언)의 이두식 표기로 여겨진다고 한다.
** 한강, 오십천, 낙동강으로 물이 갈라지는 삼수령인 피재에서 해바라기동산, 대박등, 유령산, 통리협곡으로 이어지는 태백의 낙동정맥 시작 지점.

구문소求門沼*

손필영

 가득 찬 물, 용트림하던 물결은 바위산을 돌파하고 바닷길로 흘렀다. 석문 앞엔 하얀 소금 줄, 물결 따라 박힌 조개. 젊은 날엔 누군가의 눈으로 길가에 박힌 암몬조개와 삼엽충을 바라보았다. 많이 알면 많이 느낄 수 있다고 생각했다. 지상의 끝에서 맨몸으로 다시 돌아와 물줄기만 더듬거린다.

노아, 새 눈으로 보는 석문
물덩이, 구름, 무지개

길섶에 핀 노란 꽃 하나
눈에 밟힌다

---

* 황지에서 발원한 낙동강 상류가 이곳에서 큰산을 뚫고 지나간다.

통리역*

손필영

뒷걸음쳐 올라왔던 기차, 기차는 중력을 밀어낸 만큼씩 협곡을 올랐을까? 땅 가득 찬 눈발, 문 닫힌 통리역에서 내가 걸어온 길을 생각해본다. 뒷걸음쳐야 오를 수 있었던 길, 깎아지른 절벽.

새 울음에 귀가 트인다.

빈 선로
다시는 만날 수 없는 얼굴들 스친다.

---

* 강원도 태백의 고지대 사북 고한을 잇는 해발 680미터에 있는 역으로 1940년 일본의 석탄 수송 기지로 건설되었다가 1963년 영동선이 개통되면서 스위치백으로 하루에 상행 하행 열다섯 번 기차 왕래가 있었지만 2012년 6월에 솔안터널 개통으로 문을 닫았다.

통리협곡*에서
−미인폭포**

손필영

단애,
자갈 박힌 붉은 진흙 길,
절벽에 뿌리내린 나무 흔들리자, 바람이 분다.

한 처녀, 꽃향기가 온 사방에 번진다.
붉은 진흙 길.
낙엽이 쌓이고, 바람 불고, 자갈이 박히고, 물 세차게 흐른다 .
바람 따라 한 청년이 다가온다.
처녀는 오랫동안 간직한 꽃송이를 건넨다.
남자는 메마른 꽃송이를 도로 건네주고 가버린다.
그녀가 절벽에서 떨어진다. 폭포.

협곡을 따라 마흔아홉 번 휘돌아
오십천.
바다로 들어가는 세월,
오십 천.

미인송 붉게 절벽을 돋우는 사이

그 아래 범의꼬리 물고 피어나는 보라색 구절초.

아, 아,

폭포 소리

오래 절벽에 붙어 있다.

*   태백과 삼척의 경계에 있는 협곡. 한국의 그랜드캐니언이라고 불릴 정도로 역암과 사암과 이암이 단층을 이뤄 깊은 협곡을 이룬다.
**   백병산에서 흘러나온 물이 협곡에서 떨어지면서 생긴 폭포이다. 물은 흘러 오십천을 따라 동해로 흘러간다. 아름다운 여인이 자신과 어울릴 만한 배우자를 기다리며 많은 구혼을 거절하다가 아름다운 청년을 보고 구혼을 했는데 어느새 너무 늙어 거절당해 폭포에서 뛰어내렸다는 이야기가 전해진다.

철암

이승규

백병산 밑
검은 골짜기 검은 동네
개천가에 까치발로 붙은 건물

돈 없는 농협은행
치킨 없는 페리카나치킨
노랫소리 없는 황제주점 앞을
왜 자꾸 걷나

실어 보낼 석탄도 없이
떠날 사람 모조리 떠난
철암역 대합실 벽에 기대
누굴 기다리나

광물질 같은 고독
진폐증 걸린 그리움이라 쓴다
지운다

해 거치지 않고
오는 저녁

붐비는 나 혼자
시장 입구에서 식당에서
무엇이든 만날 것 같아
헤매는 길모퉁이

쿵쿵쿵 양지다방 계단 내려와
뒤돌아보는 낯익은 청년
입 닫고 눈썹 몹시 찡그리며 웃는
쇠바위의 얼굴

남방한계선

장윤서

누군가는 살기 위해 산을 떠났고
누군가는 살기 위해 산으로 들어간다

폐광이 되자
북적였던 옛 사람들은 어딘가로 떠나갔고
아연 제련소가 들어서자
그들과 얼굴색이 닮은 타지 사람들이
늦가을 서리처럼 석포로 들어왔다
이곳을 나가기 위해

석포는 열목어의 남방한계선
햇빛 잘 안 드는 계곡
차디찬 물에서만 살 수 있다는 열목어

쉴 틈 없는 삼교대 근무
빨간 눈이 되어버린 인부들이
낙동정맥에 숨어 있는 듯한 제련소에서

살기 위해 나오고
살기 위해 들어간다

검은 곰팡이 가득한 차가운 숙소
발버둥 치는 오래된 백열등 밑에도
중금속과 관련한 흉흉한 이야기는
그림자도 조심스럽다
바람 소리마저 쉬쉬대며
나가지도 사그라지지도 않는 이곳

여기에서 더 내려갈 곳이 없다는 듯
빨간 눈의 인부들
어떻게든 남방한계선을 넓히려
밤마다 찬 소주를 뼈끔대는가

삶은 살아가는 것인지
죽어가는 것인지도 잊은 채

이단

장윤서

  홍건적도, 육이오 대포 소리도 이곳을 몰랐답니다. 통고산 정상에서도 안 보이네요. 얼마나 깊은 곳에 숨었는지, 반짝이는 왕피천이 동해로 흘러가고 흘러가다 땅거미에 묻혔다가 물소리 새어 나와 은하수로 흐를 때야 쌀쌀함이 간신히 찾아오는 곳입니다.

  외지인이 이단이라 부르는 왕피리 마을.
  소문을 섞어 그 신을 조심스레 꺼내볼수록 마을은 점점 더 깊은 곳으로 멀어집니다. 어둠이 짙어가는 마을 어딘가에서 그 신이 우리를 지켜보고 있는 것 같은데

  하아, 술이 오릅니다
  이리 나오세요
  우리와 술 한잔하시지요
  모닥불에 둘러앉아
  물소리가 수를 놓는 은하수에
  오랜만에 광석이 형도 불러와

너무 아픈 사랑을 쉰 목으로 보내봅니다.
순간,
어둠 속에서 부스럭거리는
정체 모를 발자국 소리!
나 아닌 생명의 움직임에
두려움마저 오랜만에 두근댑니다

어둠 속에 있었나요
초가을 단풍만큼 취해 있는 나의 사람들
너무도 멀리하고 살았나 봅니다

오늘 밤은 마음껏 두근대야겠습니다
도시를 등지겠습니다
사람을 품어보겠습니다

길등재

손필영

증조할아버지는 동해 평해平海에서 길등재를 넘으셨다.

일월산* 밑, 오리재 노루모기. 일본 순사를 피해 신선바위를 오르내리시던 증조할아버지. 화전민으로 흙벽 흙바닥에서 길등재를 밟고 일월日月에서 멀리 멀리 올라갔던 아버지. 사람 속의 많은 길은 몸을 죽여야 비로소 길이 된다는 할아버지처럼 아버지도 나뉜 길 몰아 허물어진 돌담을 끼고 다시 평해로 돌아가셨을 것이다.

돌아가는 것은 몸만 지우는 걸까?
몸에 남아 있는 기억은 어디로 갈까?

물푸레 잡목 숲을 지난다. 길등재 낮은 능선도 머리 숙이고 높게 오르시던 아버지를 피해 마른 목 빳빳이 세워 오십 년을 지내는 동안 나는 어느새 생각을 지우려고 몸을 죽이고 있었다. 할아버지와 아버지를 흘려보내야 내가 되는 건가?

나는 아직도 할아버지와 아버지가 쉽게 넘던
길 하나 오르지 못했다.

* 갑자년(1924)에 '하늘이 겨우 보이고 땅이 감춰진 日月山' 仙遊巖에 영덕, 청송, 안동 일대와 울진, 강릉, 횡성 일대의 인물들이 모여 비밀결사(三一民族精神發揚同志 日月山仙遊巖同志會) 활동을 하다가 일제 말기에는 그 모임을 詩會로 위장하여 『선유암시』라는 작품집을 출간하기까지 했다. 『선유암시』(박종혁 옮김, 국민대학교출판부, 2006) 9~11쪽 참조.

동네 뒷산 오르듯

한국호

박쥐구멍* 찾아 나선 운주산
계곡 따라 오르는데
왼쪽 오른쪽 길 바꿔 올라도 그 길이 그 길
이쪽이야! 들뜬 목소리 따라 오르면
이쪽이 아닌가? 웃음 섞인 목소리
박쥐구멍 찾는 마음이 갸웃거리다
동네 뒷산으로 향한다

이쪽저쪽 옥신각신 다투며 오르다 찾아낸 계곡
돌 사이 가재 집어 올려 플라스틱 병에 넣고
본 적 없는 노루 잡을 덫 놓으러 온 산을 휘젓는 아이들
어떤 날은 난을 캐고 어떤 날은 족제비 뼈를 줍고
어떤 날은 빈손으로 내려와도
다음 날 삼삼오오 모여 다시 오르는 뒷산

피란민들이 숨었다는 박쥐구멍 찾지 못하고
운주산을 휘젓는다 동네 뒷산 오르듯

잠깐 지도를 내려놓고
산에 깃든 무성한 이야기들
원효도 김유신도 박쥐구멍도 내려놓고
내일 또 오를 뒷산처럼
정맥길을 만난다

* 영천과 포항의 경계인 운악산 8부 능선에 있는 동굴. 임진왜란과 한국전쟁 때 피란민들이 몸을 숨겼다. 한때 빨치산들이 은신처로도 사용했다고 한다.

박쥐구멍을 찾아서

박성훈

수북한 낙엽에
빠진 발을 빼다 생각이 빠졌다

영전마을 이장님은
팔부 능선 어디쯤 여기쯤 있다고 했다
이쯤이 아닌가,
빠진 생각을 빼자 다시 발이 빠졌다

가시나무에 찔리고 넋 놓고 있을 때
산골 한겨울 바람 온몸 솜털을 가시처럼 돋운다
이번에는 틀렸다
몇 마디 말씀 좇아 찾을 수 있다면 박쥐굴이 아니지

골짝을 벗어나 능선에 오르니
문득, 저멀리 하늘 밑 금빛 바위에 박쥐굴
두 다리 버리고 날개가 돋아야 갈 수 있겠다

왜란 때도 전쟁 때도
마을 사람들이 숨어들었다는 굴
지상의 사람들은 저곳에 어떻게 닿았을까?
스스로 구멍이 되었을까?

이장님, 박쥐굴 못 찾았어요
왜 못 찾아? 여기서 금방인데
저는 박쥐가 아니라 박씨일 뿐이라서요

(두 발 딛고는
다음에도 찾지 못할 거예요)

어스름이 내린 마을을 돌아 나오는 길
날개 달린 무엇이 휙 지나간다.

무제치늪*

최수현

허 허 허 허
검은등뻐꾸기 소리

산이 따라 울리고,
발걸음 감겼다 풀어진다

단 하나의 꿈만 남을 때까지 걸어가 봐
길은 너를 열어야 보이는 거야

정족산 봉우리로 향하는 길옆,
비스듬히 낮아지는 평지,
멀리 뾰죽이 솟은 산봉우리가 태곳적 표지로 늪을 내리고 있다

 꽃 진 철쭉 뒤로, 그 뒤로, 사진 찍는 내 그 뒤로 걸어 들어가야 길을 열어주는 늪, 관목 밑으로 점점 허리를 낮추다가 그리운 사람 곁에서처럼 몸을 순하게 웅크려야 보이는 끈끈이주

격, 밑에 고개를 올려야 보이는 방울새난, 늪을 보려다 어느새
나는 끈끈이주걱 이슬 한 방울에 맺힌다, 툭, 아득하다

* 울산 울주군 정족산에 있는 산늪.

켜켜이 간직하는 줄 모르고

오하나

사라진 줄 알았지

퍼석한 흙만 보고
다 말랐나 보다 돌아서려 했지

한참을 바라보던 꽃 덤불 뒤에 있는 줄 모르고

검고 축축한 이탄층 위로 내가 알던 것보다 훨씬 작고 총총한 끈끈이주걱을 올려 보내고 있었는데, 다가가 앉으면 지긋이 발끝으로 스미고 있었는데, 나는 작은 거미가 발등을 채 넘기도 전에 성급하게 일어났어

진퍼리새 사이
내가 찾다 그만둔 꼬마잠자리 날려 보내는 줄 모르고

사라진 줄 아는 것들
능선길 바로 옆에

켜켜이 간직하는 줄 모르고

끈끈이주걱

장윤서

많이 당황스러웠습니다. 혹시라도 누구에게 들킬까 봐 주위를 몇 번이고 두리번거렸지요. 애써 외면해왔던 내 속내와 갑자기 마주친 것 같아 미동도 할 수 없었습니다

떡하니
대놓고 주걱을 매달아놓은
끈끈이주걱을 보았을 때

허리 굽혀 살펴보니 아, 육천 년의 욕망이 이렇게도 작습니다. 내 커다란 주걱과는 다르게 딱 배만 합니다. 심장만 합니다. 긴 꿈을 꿀 정도만 천천히 먹고요, 날아다니는 벌레 덥석 후려치지도 않습니다. 그 소박하고 평화로운 욕망, 그대로가 온몸인 당당하고 솔직한 주걱입니다

화엄벌에서 해탈하려던 스님들이
조금만 더 깨금발 하면
훤히 보였을 무제치늪입니다

뭐라도 좀 먹고 살아 있어야지만
해탈도 이룰 수 있는 거라고
막 설거지 마친 듯
물방울 맺혀 있는 끈끈이주걱
조그마한 벌레 다시 붙을 때까지
조그맣게 기다립니다

기다리다 보면
―무제치늪*에서

박성훈

도통 모를 게 사람이라면
사람이 늪?

늪에서 허우적대다
정족산 자락 무제치늪에서 만난
끈끈이주걱 참개구리 무슨꽃

숨죽이고 힘 빼고 바라보면
무슨꽃 무슨꽃
사방에 차오르지

차오르는 건
가라앉는다는 것
기다리는 꼬마잠자리는 오지 않고

무슨꽃 무슨꽃
너는 도대체 무슨 꽃?

가라앉는다고
심연을 알 수는 없지
기다리는 사람은 오지 않고

심란하던 참개구리는 펄쩍
끈끈이주걱은 합장

비 내려라 비 내려라

차오르다 보면 가라앉겠지
가라앉다 보면 심연에 닿겠지

비 내려라
단비야 내려라

* 가뭄이 들면 '무우제(舞雩祭)'라는 기우제를 이곳에서 지냈다고 한다. 물터, 물치라고도 불린다.

단조늪*

손필영

산은 산대로 안개는 안개대로 고원으로 올라간다. 앞선 발걸음에 발걸음 울려 가는 고원. 바람은 초록빛 이슬을 초원에 문지르고 고원 길로 들어선다. 내 뒤에서 더 높이 뜨는 산, 산, 잠시 뭉친 생각들 잠기다 다시 솟구친다. 내 봉우리는 늪에?

갓 핀 억새풀 물살 지어 찰랑찰랑, 내 몸에 찼다가 가라앉아 얕고 깊어지는 늪, 빛이 흐른다. 물이 흐른다. 길 없이 모두들 시원으로 돌아갈 때 물 땡땡이 찍어 한결 투명해지는 늪,

안개 바람 쓰고
늪에 흘러온 그대들은?
물봉선? 설앵초? 흰제비난? 황새풀?

---

* 신불산에서 영취(축)산에 걸쳐 있는 신불평원에 있는 산늪.

숨
-신불산 계곡에서

최수현

바위에 마른 등을 맞댄다

서울 하루하루하루에서 딸려온 말들이
딱지처럼 앉은 피부를 뚫고

일만 년을 달궈진 단단한 한기,
그 끝에 도착하는
불기

타오르는 물소리,
온통 검은 침묵

사이

첫 말을 꿈꾸며 돋아나는 별, 별, 빛!

하아

차고 분명한 숨 트인다

잠자리와 함께

이승규

햇빛 내리쬐는 간월재
다리 지친 친구 두고
혼자 산을 오른다

바람 하나 없어도
자꾸 흔들리는 능선 멀리
예전의 누가 다가오고 있다

웃고 떠들면서 일행과 걷고 있다
어깨에 가슴에 저마다 빗방울 묻히고
바람에 구름에 밀려오고 있다
휘몰아치는 단조늪 사초 위에서
산오이풀 두꺼비 옆에서
달리는 안개 너머 억새꽃 사이
말갛게 돌아오고 있다
지친 발걸음 달뜬 얼굴로
푸르른 비를 반가이 몰아오듯이

이제 빈 능선엔 억새
바람 없이 땡볕 지글대는 산정
허공중에 휘황하게 날아다니는
수천 마리 잠자리 떼여
어디서 온 줄 모르는 누가
잡으려다 만 물빛 날개들이여

영혼그림 1
-대곡리 암각화

이성일

고래였어요, 딱딱해진 고래
눈동자였어요, 마를 새 없이
흘러내리는, 저건 뭐죠?

눈물이지요, 줄어들 대로 줄어들어
그대 눈에 짠 내만 남기고 물이 된
바다지요, 그대 가슴에 물금만 새겨놓고
메아리치는 절벽이지요

뭍에 흩어진 나는 나대로
호랑이 사슴 멧돼지가 되어서
먹고 먹히고, 그대는 그대대로
쇠고래 귀신고래 흰긴수염고래 되어
새끼들과 함께 유영하다가
삶이 파도치던 장생포에서
눈물 핏물 다 버리고 굳어버린
그대 영혼이지요

바람이 물빛을 차올린다
반구대를 휘돌며 메아리치던 바다가
울산만 지나서 수심을 내린다

영혼그림 2
-천전리 암각화

이성일

1

내 등은 굽어요 점점 딱딱해져요. 집을 벗어버린 서해 비단 고둥같이 땡볕에 맨살 지지며 뻘을 기어요. 암벽에 물결치듯 새겨진 나선들은, 넋 놓고 앉아 마냥 물때만 기다릴 수 없었던 내가, 맨살맨몸으로 기어간 흔적이에요. 바다가, 엎친 데 덮치듯 파도치던 내 삶에 수평을 잡아줄 거라 믿었던 흔적.

2

내 등은 바위같이 딱딱해졌고
기어온 길은 나도 모르는 부호,
모스부호 같았어

돈스 돈스
-절벽 끝에 엎드려, 등껍질로 신호 받기?

그기 삶인가?

돈스 또돈스
-생활의 잔뼈들이 굵어질수록
 생의 감도도 선명해지는 거?

천성산 늪*에서

손필영

골 돌아 골
나무 돌아 나무
안개에 잠기면서
나무 아래만 보고 걸었다
오를수록 높아지는 천성산,

화엄벌로 들어간 길은
토탄층에 빠져 나오질 않고
억새 흔들리는 소리만
마당바위를 들락거린다

살얼음 낀 양수막엔
숨 돋우는 도롱뇽 알,
물 돌고 피 돌기 전에
나도 늪에 맺힌다,

얼음 붙인 채

바람이 순을 튼다

* 경상남도 양산 천성산에 있는 산늪으로 화엄늪이라 칭한다. 원효대사가 이곳
에서 당나라 스님 천여 명에게 화엄경을 설법했다고 한다.

화엄벌 마당바위
-산늪 1

이성일

　갈대 누워 자라고 철쭉 엉겨 꽃 피우는 천성산 화엄벌을 오른다. 밀고 당기며 점점이 능선길을 이어가는 일행의 등줄기를 적시는 비, 일행과 멀어질수록 세차게 떨어져 내리는 빗방울에 휩쓸려, 떠내려가지 않으려고 늪을 끌어안는다. 발이 쑥쑥 빠지는 토탄의 검은 흙에, 채 흙이 되지 못한 내 마음의 바닥까지 달라붙어, 무겁게 가라앉는 몸

털어내면 물소리 물방울 솟는 소리 사이로
갈대 같은 제자 천 명 이끌고 와
마당바위 이고 서서 생을 다지던
그대, 강건하게 다져지던 마음 층층이
숨결 불어넣던 그대 속삭임이

산늪을 돌아 나오는 물방울의 무게로
온몸 두드린다 사방으로 튀어 오르는
산 꽃 봉우리

도롱뇽 옆에서

조재형

키를 낮춘 소나무 사잇길
토탄에 스민 촉촉한 물기에 젖어들어
천성산 화엄벌에 오르면
마른 억새잎이 물소리를 낸다
바람이 스칠 때마다
찰랑

화엄벌 억새 옆에
소리 없이 흐르는 물소리 담아 맺히는
동의나물 노란 꽃봉오리도
찰랑

찰랑이는 산늪 물골을 따라
미끄러지듯 줄을 긋는 소금쟁이
물속 떼지어 다니는 물벼룩
물벼룩에 섞이어 점점이 헤엄치는 물땡땡이

꿈틀거리고 싶다

천성산 산늪
이제 막 양수를 터트리려는
도롱뇽 옆에서

천성산에서

장윤서

이 넓은 억새밭에서
어찌 설법을 하셨을꼬
아무 말 않고
화엄벌 걸으라 손짓하셨겠지
차디찬 불상 앞
이유도 모른 채 목탁만 두드리지 말고

가리키지 않아도 보이는
억새를 타고 넘는 바람
두 손을 펼쳐
억새에 쌓인 햇빛을 털며 걷다 보면
잊고 있던 막연한 설렘들이
폭신폭신 동행하는 나를 만나보는데

깨달음은 설렘에서부터 오는 것?

성인聖人은 화엄벌을 떠나, 다시

스님으로 범인凡人으로 돌아갔으리라

어지러운 세상
어지러운 사람들 욕 좀 해대다가도
가끔씩은 폭신대는
사람 사는 세상에 설레어가면서

속잎 피우며

이승규

한 굽이 돌면 차 소리 사라지고
한 굽이 돌면 박새 소리 밀려들고
또 한 굽이 돌면 비에 젖어 늪에 오르는
지친 내가 보이는 길

구름 속 억새에 싸여
발끝으로 더듬어가는 화엄벌

나무 위로 떠오른 마당바위 지나
늪으로 가는 길도 늪에 스미고
억새 꺾으며 헤매다
나도 꺾여 돌아 나올 때

시원始原으로부터 날아올라
머리 위로 길을 내며 휘도는 꼬마잠자리

다시 빗방울이 흩뿌린다, 뺨에 이마에

늪에서 태어나 나도 억새와 물결치고 싶다
억새 틈에 반짝이는 물매화, 옥잠란, 흰제비란 숨결에 섞여
젖어드는 물기에 잔뿌리 박고
겉잎 떨군 자리에 속잎, 속잎 피우며

바람억새

박성훈

중생이 흔들린다
천지사방 뚫린 곳마다 불어오는
바람 바람에
화엄벌 억새 흔들린다

선재동자 진작 보았다면
도를 찾아 떠돌지 않았으리니
머리 위엔 시퍼런 하늘
발아랜 은빛 금빛 낙동강

억새가 흔들린다
중생이 흔들린다
바람 바람에 몸을 맡기면
나도 억새가 되리니

흔들리는 억새
엉키고 엉켜 흔들리다

한 방향으로 쓰러지고
다시 몸을 일으켜
흔들리다 풀어지니

마음이 동하는가
그 마음 어디에 있는가

집도 절도 버리고
꿈결치는 화엄벌 바람 속으로
늪을 향해
늪을 향해

바위의 빛으로
- 금샘*에서

박성훈

금정산 고당봉 아래
곧게 솟은 바위 꼭대기 웅덩이는
가뭄에도 마르지 않는다지

물빛 금빛 아니고
금빛 물고기도 없지만

안 보이는 안개에 물기 받고
지나가는 빗줄기 품고
돌풍에 폭풍에 출렁이는 물 끌어안고
얼고 녹고 차오르며
아찔한 높이에서 천년을 견디면

샘이 되고
절이 되고
산이 될까

기우뚱한 생으로는
품을 수 없는 그 샘
그 빛에 닿을 수 없겠지만

산은 못 되고 절은 못 되고 샘은 못 되어도
내 깊은 어딘가에도
마르지 않는 무엇이 있을까

품고 싶다
아찔한 높이에서
단단한 바위의 빛으로.

* 　금정(金井)이라고도 한다. 금정산 최고봉인 고당봉 동쪽에 위치한 화강암 바위 꼭대기에 있는 자연 우물로 둘레가 약 3미터이다. 금샘의 물은 아무리 가물어도 마르지 않는다고 한다. 그 물빛이 금색을 띠고, 하늘에서 금빛 물고기인 범어(梵魚)가 내려와 논다고 해서 붙은 이름이다. 금정산과 범어사의 명칭도 금샘 이름에서 유래했다.

누구나 정맥 하나 감고 있다

손필영

   뭉게구름이 새털구름으로 바뀌는 사이 금정산을 오른다. 몰운대로 빠지는 끊어질 듯 막막한 산길을 보면서 사라지는 사람들의 숨결을 떠올린다. 소나무들, 잎사귀, 뿌리. 아는 사람들 하나씩 눈앞으로 다가오다 사라진다.
   낙동정맥의 끝은 사하구, 오래된 모래톱에 쌓인 산뿌리, 파도,

   누구나 정맥 하나 감고 있다.
   이 땅에 태어났다면, 수평선처럼.

들리나요?

박성훈

구름도 없는 몰운대
맑은 햇빛 아래 모난 바위
모서리 끝에
그대가 서 있습니다

매봉산 바람 맞고
통리재 기차 앞을 서성이다
통고산으로 일월산으로
정맥 찾아 헤매다 정맥인지도 모르고 넘었던
주왕산 근처 고갯마루의 그대,
간월산 신불산 넘어
천성산에서 억새와 함께 흔들리다
구름도 없는 몰운대에
구름처럼 몰려오는 그대

내가 그대를 만나는 동안
모서리 끝의 그대는

들리나요?

그대 발 밑에서
나즈막히 고동치는 소리
수많은 그대와 그대가 몰려오는 소리

낙동정맥 따라 흐르고 흘러
끝인 듯 시작인 듯
수평선 아래로
아래로 깊어질수록
두근대는 소리.

몰운대에서

이승규

1

항구 건너 터널 지나
넘고 넘는 좁은 언덕길

길이 멈추자
산이 끝나는 자갈마당

바다는 절벽에 대고
산줄기는 파도에 스며

자굴자굴자구르르

2

태백 삼수령에서 갈려 나왔어요

성곽과 광산 품고 억새 휘날리며
낙동강 끼고서 쉼 없이 뻗어 내렸어요
포화 사이로 피난민들 넘겨주고
공장 굴뚝 사이 큰 도로 넘겨주었지요
이제는 빼곡한 집, 얽힌 골목 끌어안고
수평선에 피어나는 구름 바라보고 있어요
거품에 씻겨 사라지는 것이
남은 일인 줄 알고서

3

정운공 순의비 가는 길은 통제구역
자갈마당 둘러가는 해송길은
다시 주차장에 이어진다
막 떠나려는 시동 걸린 차
운전석 문을 열고 나온 남자가

고래고래 소리를 지른다
누구에겐지 모르는 삿대질을 한다

사그라들 것 같은 남자의 고함에
가슴속 자갈들이 우르르 소리를 낸다
파도가 친다, 산길이 들썩거린다

여기가 끝이라고
여기부터가 시작이라고
절벽 너머 구덕산, 금정산 향해
넘실거리는 바다

철썩
자굴자굴자구르르

낙남정맥

인도기러기*

손필영

매화꽃 벙그는 삼월, 하얗게
낙동강 흐르고 빛줄기 내리고

김해**의 일요일은 가야고분 터 공원에 모여 있다. 뛰어다니는 아이들, 멀리 크리켓***을 하는 인도 청년들, 그들은 가야의 첫 어머니를 알고 있을까? 김해김씨 김수로왕과 허황옥은 기러기를 그리워하다 기러기로 돌아갔을까? 신어神魚산 물고기****는 김해평야를 밀고 밀어 바다로 가려 했을까? 천구백 년 전에 물고 온 말*****이 밥알처럼 아직 온기를 띠고 있다.

공이 굴러 내 앞을 지나간다,
내 초라한 웃음에 이 땅의 말에
미소를 보내는 인도 청년들

내 앞에 환하게 평야가 들어오기 시작한다.

- * 몸길이 72센티미터, 몸무게 1.8~2.9킬로그램의 중간 정도 크기의 몸짓이 가늘고 품위가 있다고 한다. 번식을 위해 이동하는 철새로 인도에서 8000미터 히말라야산맥을 넘어 중국 서부에서 겨울을 나고 돌아간다. 금관가야의 무덤에서는 부장품으로 흙으로 구운 기러기와, 작은 새를 투각하여 사면을 두른 긴 가리개 같은 것이 여러 개 출토되었다.
- ** 김해에는 이주 노동자를 포함한 1만 7929명(2015년)의 외국인이 살고 있다.
- *** 야구와 비슷한 운동으로 영국의 식민통치로 인도에 전해져 지금은 인도의 대표 스포츠가 되었다.
- **** 낙동강에 맞닿은 낙남정맥의 끝부분. 허황옥의 오빠 장유화상이 신어산에 사찰(은하사)을 세웠다. 물고기는 인도 야유타국의 상징으로 수로왕릉 출입문 위에 그려진 탑 주위와 은하사 문 에도 그려져 있다.
- ***** 인도에서 시작된 쌀 문명과 함께 전파된 인도어 '사라', '브리히', '니바라'가 우리말 쌀, 벼, 나락 등에 그대로 남아 있다.

나밭고개*

한국호

나밭고개 내리막
그대로 달리면 엄마 고향 사촌으로 가는 길
버스는 늘 오른쪽으로 방향을 꺾어 안금으로 향하고
산 하나 깎여나가는 동안
엄마는 읍내 장날마다 고개 넘어 안금으로 돌아왔다

고향이 뭐 대수냐 싶다가도
가쁜 숨 한번 고를 새 없이
며느리로 아내로 엄마로 살다
딸이고 싶을 때 동생이고 싶을 때
가속 붙는 마음
얼마나 붙잡았을까

오르막보다 내리막이 더 무섭다는 엄마는
중심을 잘 잡으라고 하지만
명절날 외갓집 한번 못 가본 나는
엄마 마음 가는 대로

엄마의 고향까지 내달려봤으면

*   경상남도 김해시 삼계동과 나전리 사이에 있는 고개. 사촌리와 나전리에 사는 사람들은 이 고개를 넘어 시내를 드나들었다.

담안리

신대철

물난리 때 황새가 앉았다는
정맥길 황새봉에서
송전탑 그 아래 마을 길로 내려간다.

김해공항에서 군 복무 마치고
세상에 꿈에 치어 살다가 남쪽
진례에 자리 잡은 고향 친구

가까워질수록 길이 보이지 않는다.

도랑물에 미나리 움트는
진례 벌판은 산업단지로 바뀌어 있다.
친구는 꽃 농장 철거하고
꿈꾼 적 없는 바다로 갔고
인생을 시작하려고
한국에 일하러 왔던 우크라이나 청년은
고향으로 돌아가

전쟁통에 흩어진 가족들 무사히 만났을까?
시간도 영원도 아닌 그 하루하루를
참호에서 참호로 넘기고 있을까?

불안이나 공포가 아니고
분단이 평화냐고 묻던 청년.

담안리엔 21-17
지번만 살아 있다.

무학산* 까마귀

손필영

생강나무인가 산수유나무인가
너덜 지대를 오르는 동안
돌 구르는 소리에 노란 꽃 피어난다

안개는 최치원이 불러온 학 무리처럼 춤추다
서마지기**에 오르자 벼랑으로 일어선다
발밑에 까마귀 한 마리 날아와 깊이 속삭인다

'안개에 싸여야 벼랑을 무사히 지날 수 있어요'

---

* 마산에 있는 낙남정맥. 최치원이 산의 형세가 학이 춤추는 모습과 같다고 하여 무학산이라 한다.
** 정상에 있는 능선 이름.

유수교*를 건너면서

손필영

실봉산에 올라
늦여름과 초가을 사이로 낙남정맥 길을 걷습니다.
군에 간 아들이 기상나팔 소리와 함께
구보하고 유격하고 기합받는
건너편 능선을 바라보는 동안
앗, 길이 다리를 건너야 하는군요.

저 아래 공룡 발자국 옆에는
가물가물거리는 아들 발자국.

길게 다리를 건너 솔티재를 넘습니다.
트럭이 군데군데 나락을 쏟아놓습니다.
허리 꼬부라진 할머니가 나락을 길게 펴자 길이 흘러가고
식솔들 떠난 길도 마른 수면에 흔들립니다.

유수교를 건너면서
내가 걷는 길에는

아들 발자국이 찍힙니다.

* 낙남정맥 사천과 진주의 경계인 바리재를 지나 171봉과 정동 마을 사이에 인공 호수 진양호의 물길을 열기 위해 가화천을 인위적으로 흐르게 하면서 세운 다리. 능선(정맥)이 끊어져 산이 물을 건너게 되었다.

스치는 향기

손필영

 화원 마을에서 실봉산을 오르려고 감나무 과수원을 지나면 길은 처음으로 돌아온다. 입 벌린 밤나무 골짜기를 가로질러 양지바른 능선으로 올라서도 길은 접혀 처음 그 자리. 몇 걸음 옮길 때마다 얼굴에 감아드는 거미줄, 어릿거리는 잔가지. 엉킨 잡목 사이를 풀고 나와도 다시 마을. 참새들이 줄지어 앉아 있다 폴폴폴 벽에 가 붙는다. 바뀌지 않는 풍경 속에서 어릴 때 놀던 친구들이 뛰어나올 것 같다. 트랙터 몰고 가는 아주머니가 주름 지우고 쳐다본다. 스치는 탱자 냄새.

 어느새 마을 뒷동산은
 마을만 남고
 산은 멀리 물러갔다

발자국

최수현

어둑해진 섬진강 모래밭 멀리
날다 앉는 흰 새
그 너른 날갯짓을 쫓아 뛰어가다
아이들이 멈춘 곳,
발자국들이
찍혀 있다.

누구지?
누구지?

아이들 목소리에 또렷해지는
새 발자국, 옆에 선명한
수달 발자국, 옆에
아이들이 고운 발자국을 보탠다.

다음엔 누가 올까?

섬진강이 흘러 들어온다
- 고소산성에서

최수현

단단한 돌 더미 위로 몸을 누인다.
햇빛 가득한 하늘이 쏟아져 내리고
눈이 부시다.
등줄기가 뜨거워진다.
두 개의 섬진강이 겹쳐지며 흘러 들어온다.

떠나본 적이 있는가?
고인 채 살아온 지난날인데
어떻게 여기까지 왔나? 흐르지 않고? 떠나지도 않고?

기어서
방과 방을 건너서,
숱하지만 하나 같은 밤을 지나서.

강이 반짝인다.
푸른 들, 산과 함께 구불구불 흐르며 반짝인다.
강이 반짝인다.

마른 산과 산 사이 겨울 속을 녹이며 빛 한줄기로 흐른다.

겨울을 녹여 봄으로
방을 허물고 나에게로
흘러 들어온 강
그 결 따라 흐르며 살아 있고 싶다.

말하라
－소정골 민간인 학살지에서

장윤서

죽은 자들도 말하고 있다
이제 우리들의 차례
말하라

 뒤엉킨 유골들, 머리의 총구멍을 비집고 나오고 있다. 오십 년 만에 햇볕으로 뛰쳐나온 다섯 살 아이가 엄마를 찾고 있다. 얼마나 멀었을까, 서울과 인천에서 학교 가다 잡혀 온 교복들도, 떨어진 단추도, '李柄濟'가 새겨진 나무 도장도 더 이상 인주를 묻히지 않고, 하얀 쌀밥 푸짐히 담고픈 녹슨 숟가락도 주인들을 부르고 있다. 말해도 외쳐도 울부짖어도 바람 소리가 되는 지리산 자락, 거기에서도 더 멀리 떨어져 있어도, 지금은 이 자리에 유골이 없어도
 전쟁 직후, 막걸리 드시고 홧김에 나라 탓하다 누군가에게 끌려가 생사도 모른 채 그날이 제삿날이 된, 한량이셨다던 내 할아버지도 이제는 말하고 있다.

 지리산 소정골에서

낙남정맥 낙동정맥 한북정맥에서
거창 노근리 강화 광주 제주
진도 바다에서도
서울의 길거리에서도 골목길에서도
내가 살던 곳에서도
내가 갔던 곳에서도
내가 모르는, 알려고 하지 않는 어딘가에서
장준하 선생이 이병제 씨가 내 할아버지가
누군가가, 누군가의 누군가가
아, 다섯 살 어린아이가,
다섯 살 어린아이가!
말하고 있다 끊임없이
말하고 있다

가슴에도 귀가 있다면
망자의 말을 알아들을 수만 있다면

그러니

말하라

말하지 않는 곳

그곳이 무덤이 될 테니

그날

어린아이를 죽이고 같이 죽었던

몸만 살아 있는 군인들은 말하라

입 없는 자를 목격하고

죽은 혀를 가지고 있던 이여, 다시 살아나라

망자를 쉬게 하고

죽을 자를 살게 하라

희미한 달빛에도 선명히 드러나는

저 진실된 지리산 능선처럼

설렐 수 있는 비밀 한두 개쯤 남겨두고

사실을 사실대로 달리게 하라

들으려 하기 전에

말하기 전에

말하라

구들장 밑에서
-마지막 빨치산 정순덕

장윤서

사랑은 잠깐이던가
죽음도 순간, 순간이던가
그 찰나의 주변이 그렇게도 질긴 것이더냐

그녀를 찾는 군홧발 소리에
한겨울 모든 추위가 달라붙어 들어왔을 구들장
꺼지지도 확 피우지도 못하는 숯처럼
그녀는 여기에서마저도
우뚝 서 있지도
편히 누워 있지도 못했을까

세상 제일 뜨거운 곳에서
세상 제일 추워야 했던 사람
그녀의 몸은
그녀의 가슴팍은
한여름 펄펄 끓는 솥단지였을 텐데
뭐 하나 제대로 우려내지 못하고

쓸쓸한 아랫목처럼 새카맣게 타들어만 갔을까

그녀를 잡으려면
지리산을 없애시라
그녀를 죽이려면
마지막 사람을 죽이려면
아, 그녀가 죽였던 사람들만 그러시라
한겨울이 일생에 깔려
아궁이도 없이 불 지피려 하는
죽은 사람을 놓아줄 이들만 그래 보시라

묵계默溪

이승규

해 잠깐 들다 가도
악착같이 꽃 피어난 곳

그 꽃 사이
빨치산이 오고
토벌대가 오고
긴 옷 걸친 도인들이 오고
한국인 다 된 연변 아이도 와서
서당 버스 기다리며 놀다 지친 곳

청암면 묵계리
떠돌며 맴도는 넋들처럼
하동댐 언저리에 갇히기 전에
통제소 너머 삼신봉 올라가야지

능선 타고 영신봉 돌아
확 펼쳐진 지리산 주능선을 바라봐야지

아직 안 핀 세석평전 철쭉을 몰아
다시 정맥으로 풀어지려고
뭇 넋 기억하는 낮아지는 산줄기로
낙동으로 남해로 뜨겁게 합쳐지려고

지리산 삼신봉을 오르며

김일영

이른 새벽 삼신봉을 오르면서
길가 한쪽에 비켜서 있는 이정표를 본다
우르르 몰려다니는 운무들 사이에서
색 바랜 글자 붙잡고 있다

가쁜 숨 이정표 앞에 내려놓고
한눈팔다가 길을 잃고 만다
이 길 저 길 헤매다 곤혹스러운 생각 끝에
길을 버리려 하면
운무 사이 빼꼼히 모습을 내보이는 이정표
'삼신봉 0.5km, 세석대피소 8.0km, 청학동 2.0km'

앞만 보고 길을 걸었다
이정표 없이는 닿을 수 없는 세상을

색 바랜 글자를 놓지 않는 이정표를 지나
나 다시 가야 할 먼 길을 본다

삼신봉에서 노고단 반야봉 천왕봉
지리산을 한눈에 보 듯

호남정맥

지리산 가는 길
― 호남정맥 끝에서

신대철

반야봉에서 천왕봉까지
붉은 노을이 핀다.
구름 속에 떠오르는 봉우리들이
비스듬히 하늘금을 이루다 흐려진다.

지리산은 불 붙고
백운산 상봉은 자욱한 연기

바람도 불지 않는데
뒤에서도 불내가 난다.
사람이 타고 아우성이 탄다.
군용복에 지까다비 신고
여수에서 순천에서
답곡리로 쫓겨 온 사람들은
백운산 골짜기에 맞불 숨겨놓고
지리산 보며 무슨 생각을 하였을까?

검게 그을린 확*에
깊이 모를 푸른 그늘이 고인다.
추진초소를 뒤흔드는
조릿대 쓸리는 소리에
소름이 돋는다.

한재 점점 높아지고
백운산이 조릿대에 묻혀간다.

*   백운산 한재 바로 위쪽에 빨치산들이 쓰던 돌확과 추진초소가 남아 있다.

떠오르는 길

이승규

초여름
광양 옥룡면 골짜기 접어들어도
여전히 답답하고 습기 찬 마음
지도에서 서너 번 접힌 길 맴돌다
바윗길이 차 바닥 치는 소리
헛도는 타이어 타는 냄새에
헐떡이며 한재에 이른다

고개 넘어가면 섬진강
그 너머엔 화개장터
숨어들기 좋고
이어지기 좋은 숲길 따라
숨이 깔딱거릴 만큼 오르다
불현듯 너그러워지는 길
그러다 다시 가파른 신선대
그 옆 아슬아슬하게 솟은 백운산

좁다란 바위 꼭대기에 매달려
땡볕 들쓴 얼굴들도 숨 고르고 있다
죽창이든 총이든 들지 않았어도
어디선가 다 쫓겨 온 사람들
살기 피해 살 길 찾다
이러지도 저러지도 못했을 사람들

미세먼지 띠 위로
붕 떠오르는 지리산 연봉

반란군
― 한재* 넘어 지리산으로

박성훈

이 길로 한 삼백 미터 올라가믄 다리가 나와. 다리 건너지 말고 다리 오른쪽 고랑을 타고 올라가 왼쪽을 봐. 고로쇠 채취하는 데 있고 너럭바위가 많아. 거기에 집 흔적도 있고 바위에 구멍을 내서 곡식 갈던 바우절구도 있어. 예전에는 신발도 나오고 그랬는데, 이젠 없을거야.

저 앞에 민박촌 안 있나. 옥룡북국민학교 동곡분교 자리. 거서 그 사람들 다 모여가 한재 넘어 지리산으로 갔다는데, 사실 그 사람들은 해꼬지 안 했지. 경찰하고 군인이 사람들 막 때렸다고.

의병? 글세 의병인지는 모르겠고 다들 반란군이다 그러니까, 역사적으로 그래 지나왔으니까….

---

*   화개장터 건너편 한재를 넘어가면 심원 마을과 먹방 마을이 차례로 나온다. 심원 마을 주민이 1948년의 한 장면을 들려주었다. 먹방 마을에 당시 생존자라는, 경찰 토벌대였던 할아버지가 한 분 계셨다. 증언이 증언을 부정하고 풍문이 풍문을 긍정하는 마을 앞 백운산에는 제주도 사람들을 죽일 수 없다는 이유로 상부의 명령을 거부한 '그들'이 있었던 흔적이 남아 있다.

그 산에 가려고

박성훈

지리산에 가려고
백운산에 올랐다.

눈이 그쳤고
매화가 피었다.

내 반찬이 사라진 고시원 냉장고 문을 쾅 닫고
시가 되지 못한 생각을 가방에 구겨 넣었다.
패킹이 닳아 김 빠지는 밥솥에 쌀을 안치고
내일 해야 할 일을 모레로 미뤘다.

백무동 칠선계곡 벽소령 성삼재
어느 곳에서도 갈 수 없는 그 산에 가려고

정령치를 내려와 노치 마을 근처에서 차가 뒤집혔고
깨진 내 머리를 보고 남원의료원 간호사는 희죽 웃었다.
한재 너머 먹방 마을 김 할아버지를 만났고

순천 앞바다 갈대 사이에서 갈대보다 더 흔들렸다.

천왕봉에서 노고단까지
그 어디에도 없는 산.

강풍 치는 향로봉에서 희미하게 보이는
비로봉 위에 비친 산.

반쪽 국적으로는 갈 수 없는
가장 가까운 이방의 땅에 있는 산.

총구의 강선처럼 뒤틀린 채
서로를 겨냥하는 눈빛 거둬야 보이는 산.

토벌대가 지나간 발자국 위에
정순덕이 숨어 있던 아궁이에
이현상이 숨을 거둔 흐른바위에

산늪에서 펄쩍 뛰던 개구리 앉은 자리에
후투티 낮게 날아가는 함몰지 위에
첫눈과 마지막 눈 사이에
꽃이 피고
꽃이 진 자리에

천둥처럼
번갯불처럼
천지를, 생을, 가르는 산.

매화 마을에서

장윤서

차고 아린 맑은 보름달빛
밤새도록 매화꽃에 배어들다
동트는 섬진강 봄바람에 살랑 실려
그제서야 한 잎 한 잎
달이 지고 꽃이 피는 매화 마을

이날만큼은
이날만큼은
매화 향에 잔뜩 취해
피비린내 못 맡아도 용서됐으면
전쟁이 저 꽃들이고
슬픔도 비극도 다 훌훌 날렸으면

봄보다 먼저 왔겠지요
꽃그늘 아래 있는 두 사람

매화꽃 그늘 아래 있으면

누구나 향 은은한 사연들을 가지나 봅니다

검은 산

최수현

일요일 밤 벌교 외할머니 댁에서 여수로 가는 한산한 객차엔
몸에 금방 스며들어 집까지 따라오는
기차 냄새만 그득하다
쇠 손잡이에 어두운 초록색 천에
귤, 계란 냄새에 뒤섞인 동생들
곤한 잠에 빠져
기차와 함께 흔들리고
아이는
창에 코를 대본다
금세 축축해지는 창
차가워지는 코끝,
기차 옆으로 다가서는 어둠 속에서
검게 엎드린 산이 떠오른다
산은 밤보다 검고
밤보다 낮게
육중한 몸체를 눕혀

끝없이 이어진다
아이는 코를 떼지 못한다

아이를 빨아들인 검은 산
그 깊은 침묵

편백나무 사이로
― 선암사에서

이승규

돌바닥만 보고 걷다 파랗게 하늘이
있는 걸 안다 편백나무 숲

허리를 곧장 펴면
눈길은 너를 닮고 싶다
아득한 데서 서성거리는 나무

나무둥치 향그러운 사이로
누가 걸어올 것 같다
아프지 않아도 아파도
부르지 않고 우두커니 서서
피어나는 우듬지 실가지 따라
달려가지 않아도 귀 기울여도

잎사귀 뚫고 차갑게 쏟아지는
첫 햇살처럼 올 것만 같다
뿌리 끝까지 그리워하지만

내가 알지 못하는 누가

꺾여도

장윤서

백운산 정상 바위 오밀조밀 모여 있는 고라니 똥 무심히 쳐다보던 그 똥 일행들과 같이 보니 이야 신기한데, 더 부풀려서 수줍게 고라니 흉내도 내보고 모여 있으니 당당했어 고로쇠나무 쑥 하고 튀어나올 씨앗들 같았어

같이 오기로 했던 동지들이 다 오진 못했어
같이 가야 할 사람들이 모두 가진 못했어

순천만 갈대는 아름다웠지만 외로웠고
벌교 꼬막정식은 가득했지만 허전했어
보성 녹차밭은 푸르렀지만 지루했지

사자산에서 제암산으로든
제암산에서 사자산으로든
봄이면 철쭉들이 파도처럼 일어난다지

우리, 어떻게든

확 꺾이겠지 꺾였겠지
우리, 확 굽어져 살아가도
저마다의 순천만, 벌교, 보성에서는
철쭉 파도가 일렁이고 있기를
그 꽃파도에 함께 일렁이지 못해도
꽃파도 부서지는 소리라도 함께 들을 수 있기를

이렇게 제암산 휴양림에서 어정쩡 있지 말고
꽃이 피든 아, 꽃이 지든
굽어 가든 굽어 오든
흩어지지 말고 끊기지만 말고
어두컴컴한 한밤의 산책길
갑자기 튀어나온 너구린지 오소린지 꾸웩 소리에
발뒤꿈치 깊숙하게 저리저리한 그 느낌을
서로의 소식 끝에 매달고 살 순 없을까

보림사 보물일까?

이승규

보물이 넘치는 절일까

먼지 하나 없이 채색된
살아 움직이는 듯한 사천왕,
꽃 핀 배롱나무 줄기보다 흰 살결
우아하게 자세 잡은 삼층석탑,
바라볼수록 심란하게 만드는
대적광전 철조비로자나불의 미소

곰치 넘어온 곰이
불쑥 튀어나올 것 같은
절간 둘러싼 아름다운 비자나무 숲이
바로 그 보물?

문 닫은 성보박물관 뒤꼍
앙칼지게 짖는 개에 쫓겨 절을 나올 때
이거 하나 좀 사 가시면 좋을 텐데……

발음 어눌하게 봉지 내미는 할머니
꾀죄죄한 손에 들린 술빵
못 보는 체 외면하고
차 문을 쾅 닫았다

보림사 보물일까
뜨듯하고 구수하고 달짝지근한
그 술빵
가난한 부처님이
김 폴폴 나는 찜통에서 막
아니면 아랫목 이불 속에서 스윽
꺼내 은쟁반에 수북하게 담아두고는
눈 어둡고 허기진 사람에게
무심코 건넨다는

계당산 봄까지꽃

이승규

그늘진 임도엔 돌투성이 잡풀
길인 줄도 모르고 돌려 나온 길

무턱대고 딴 길 들어서자
펼쳐지는 산속 의병 마을
쭉 뻗은 소나무 사이 움푹 꺼진 둔덕
총 만들려고 쇠 달구던 대장간
목탄저장소와 제련로가 있던 자리

질 줄 알고 싸우는 싸움
죽을 줄 알고 죽자는 목숨

펄펄 끓는 쇳물 열기에
땅, 땅땅 내리치는 망치질
하루 또 하루 벼리던 결의 너머
그들이 꿈꾼 봄이 아직 오고 있을까

천지사방 뜨겁게 쇳가루 튀던 숲가

눈가루 녹듯 흩뿌려진 봄까지꽃

꽃인 줄도 모르고 피어나는 꽃

쌍봉사에서

손필영

영진강 섬진강 이랑이랑 흘러 골 깊은 쌍봉사, 국보가 된 부도탑 연꽃에서 새를 탄 선사가 올랐던 한 봉우리, 쌍산의소* 지나 계당산 의병 막사터 돌고 벚나무 고개 너머 풀더미 얹은 유황 보관 무기고 항아리 안고 한 봉우리

"화약 만들 때는 세 가지가 필요해. 솜 태운 것하고 유황가리하고 소매버끔하고 솜 태운 것은 미영 타서 물레로 잣는 고추가 있는디 그 고추를 동우에 넣어서 불을 때 동우에서 김이 안 나가게 떡시루 밀가루로 막대기 꽉 막제. 그러문 화약 원료인 솜 태운 것이 나와. 오줌태는 항아리에 소매(소변)를 보믄 항아리 가상에 소금 버끔이 하얗게 끼어. 그놈을 긁어서 양철에 놔두고 볶아. 그 분말이 화약 재료여. 솜 태운 것은 불이 잘 붙고 유황가리는 불을 세게 하고 소매버끔은 팍 튀게 하는 폭발력이 있어. 이 세 가지를 합하믄 화약이여."**

두 봉우리 사이 마을
석양 젖은 구름 속으로 사라진다.

* 화순(和順)에 있는 의병성(義兵城). 한말 마지막 항일의병의 전남 서남부 거점인 화순군 이양면 증리의 창의소.
** 독립유공자 서재풍(89·화순군 이양면 구례리 매화동) 씨의 말. '쌍산의소'에서 활동했던 독립군 서필환(작고) 씨의 손자.

너릿재*를 넘다

장윤서

1

죽으려고 산길을 넘는 이들도 있더냐

우금치에서 쫓겨 오던 농민군들이
서울까지 진격하려던 쌍산의소 의병들이
캔 만큼만 쌀을 달라던 화순탄광 노동자들이
광주에도 봄을 부르려 했던 시민군들이

그저 살기 위해
넘어가려다, 살려고
넘어오려다

이 평화로운 너릿재같이
우리처럼 자기처럼 구불구불한 너릿재를

2

두 살배기 엄마를 잠시 맡겨두고
새댁과 예비 시어머니도 살짝 내려놓고
오랜만에 만난 여자 세 명
저기 저 다람쥐처럼 입이 소란스럽다

날이 저물면
이 너릿재에서 헤어진다네
한 명은 해남으로
한 명은 서울로, 경기도로
넘어간다네 넘어간다네

멍하니 다람쥐 구경하고 있는
뻘쭘한 남자 일행 한 명 먼저 살려놓고

자기한테 온몸으로 넘어오는

아기를 살리려고

구불구불한 아들과 며느리를 살리려고

숫기 없는 남편을 살리려고

* 전남 화순에 있는 재로 동학혁명 때 농민들, 일제강점기 때 의병들, 미군정의 화순탄광 노동자들, 한국전쟁 중 민간인들, 5·18민주화운동 당시 시민들을 비롯해 많은 이들이 희생된 곳이라 한다.

너릿재

오하나

옛날에는 깊고 험한 재였다고
사람답게 살고자 꿈꾸던 이들이
끝끝내 넘지 못하고
이곳에 쓰러졌다고

지금은 완만한 숲길
내가 서울에서부터 끌고 온 일상에 매여
그늘만 찾아 걷고 있을 때
누군가에게는 여전히 넘지 못한 재

목숨 걸고 넘고자 하면
그 한 번을 넘기 힘든
아직도 깊고 험한 재

무등, 무등산이여

이승규

자고 일어나면 보이고
걷다 고개 들면 보이던 산이
이제 아파트에 가린다

보이지 않는다고
없는 것이 아니지 않은가, 무등산이여
장불재 내려와 금남로와 양동시장 쏘다니다
광주를 끝내 떠나왔다고 광주가 떠난 것은 아니지 않나
그때 외친 목소리 그때 불탔던 눈빛들
망월동 어두운 언덕에 묻혀 있다고
피 흘러 피어나는 꽃
들풀처럼 되살아나는 사랑
사라진다 말할 수 없지 않나
오일팔이여

그리하여 무등산이 도처에 솟아 있다
금남로 술집에 카페에 충장서점에

구 전남도청 본관 앞 은목서에 분수대에
이제 지겨운 연인들의 말다툼에
주름진 미소로 보는 가판대 할머니의 먼 산에
보이지 않는 먼 먼 산에

무등, 무등산이 솟아오른다
속리산에도, 설악산에도
금강산, 백두산에도, 두만강에도
동해, 남해, 황해에도, 한강에도
다시 백악에, 북한산에도

우리 일어서는 몸짓이 서석대, 입석대 육각바위 같음이여
우리 마음 구석으로 불어오는 장불재 장쾌한 바람이여
어머니 두 팔로 가슴으로 어둠 없이 끌어안아 키우는
무등, 무등, 무등산이여

이나무와 굴참나무

손필영

내장산 단풍에 서리가 내리고 쌀을 간 것 같은 엷은 눈살, 이나무* 붉은 열매들에 홀려 겨울은 잠시 정지, 꽁꽁 언 겨울에 늦은 김장 담그는 어머니 옆에 섰던 것처럼 찬바람에 속이 아리다. 살아갈 시간을 겨우살이에 넣어두고 아무렇게나 뒹굴고 싶다. 먹고 사는 길도 지우고. 눈살 흔적 지우고 생각은 어느새 산능선으로 접어든다. 저 앞은 가파른 흰 신선봉.

굴참나무 위에 앉아 수액을 빨고 있는 겨우살이
겨우살이에 내려앉는 겨울새 한 마리.

* 낙엽활엽교목. 잎자루에 이벌레 같은 꿀샘이 붙어 있어서 이나무라 부름. 산지에서 자라며 5월경에 꽃차례에 황록색의 꽃이 피며 가을에 붉은색으로 익는 열매가 포도송이처럼 매달린다.

추령에서

손필영

가늘게 날리는 눈발

순창에서 정읍으로 가는
추령에서는 고개 지나 고개,
살아내기 위해
입 다물고 굴러 올라가야 한다.
장군봉*도 신선봉도 지워졌다.

길도 하얗게 지워졌다

"언제 입산했지?"
"1950년 10월 1일 전북 임실군 성수면 성수산에서 입산했습니다."
"서류에는 전북도당 산하 407연대 소속으로 되어 있는데?"
"쌍치** 돌고개 전투에 참가했나?"

얼음 박인 검은 얼굴 소리 없이 추령을 떠돌고 있다

* 내장산 남쪽에 있는 봉우리로 임진왜란 때 승병장 희묵대사가 승병을 이끌고 이곳에서 싸워 장군봉이라 일컫는다.

** 순창 쌍치는 빨치산과 군경이 번갈아 장악했다. 해방구란 이름으로 군경과 빨치산의 전투가 세 차례 이루어졌다. 1~2차는 군경이 기차 전복으로 승리했고 3차는 빨치산이 승리했다. 536명의 민간인이 학살되었다.

붕어섬

장윤서

누구나 붕어섬 하나 떠 있지 않나

먹고살기도 힘든 세상
쓸데없이 서성이지 않게
기억마저 모조리 잠길 것이지
산자락 끝 봉우리가 야속하게 솟아 있네

붕어섬
실향민, 운암면 주민들의
고향의 부표

내 고향은 어디?
 전해만 듣던? 기억의 시작이었던 곳? 다시 태어난 곳이 있다면 처절히 무너졌던 곳은?
 오래된 사진 흑백의 햇살 백일 무렵의 앙상한 할머니의 환한 미소 곁? 꽃이 피는지도 그 향이 있었는지도 모르던 등나무잎 가득했던 어머니와의? 밤새 꼽등이들 몸 위로 기어 다니다 잠결에 어그러져 희미한 백열등 밑에 나뒹굴던 다리들처럼 다 해진 속옷들이 심란하게 널브러져 있던 젠장, 가슴이 정말 커다랄 것만 같아서 축축한 머쓱함이 며칠이 가도 마르지 않던 정릉의 달동네? 석면 슬레이트 처마 밑 막 터를 잡으려던 말벌집, 살자고 불태워버리고 담배 같이 나누던 창밖의 직박구리 울음 속? 풀 향 한 점 없는 네온사인과 술의 노래로 가득했던 콘크리트 회색 방 펼쳐만 있던 오래된 습작 노트에? 연고 하나 없던 청주, 새어머니와 새 동생들과 새 강아지와의 어색했던 명절 첫날?

  내 마지막 고향은 어디?

    가지못하는   가지않으려는   가고싶은데
  가고싶지않은   갈수가없는   갈데가없는   가야만하는

붕어섬
자욱한 물안개 걷어내고
아침 햇살에 추억처럼 퍼덕인다

호남정맥

나의 고향은
무엇에 잠겨 있나
지금은 무슨 모양으로 떠 있을까

비늘 같은 추억 하나
햇살에 쨍하고 반짝이는가
지워도 지워지지 않는
구불구불한 비린내가 스며 있는가

물속마을 따라

이승규

옥정호
달 밝은 밤

기와지붕
장독대
뒷마당이 비치고

운동장 철봉, 그네
국기 게양대가
소란스럽고

강아지와 달리던
꽃 핀 오솔길
숨차게 달려오나요

간신히 능선 내놓고
수몰된 가슴 지켜보던

오봉산

산 벗어나
물안개 따라 흘러요

짱돌

오하나

관촌 지나 신덕
좁은 길을 구불구불 돌아
도지봉 아래 개천가 큰아빠 댁

천변 봄 미나리 캐는 가족들 사이로
신발도 벗지 않고 저벅저벅
큰아빠가 개천 가운데로 들어간다

어릴 적 월사금을 안 주면
아빠는 예 하고 돌아서는데
큰아빠는 마당에 짱돌을 던졌다 했다

아빠는 작은집으로 살던 고향에는 안 돌아간다는데
큰아빠는 다들 말려도 임실로 돌아갔다
할머니 무덤을 뒷산에 쓰고
비석에 제수씨부터 조카며느리까지 이름을 다 새겼다

우리가 으름이 먹고 싶다 하면
큰아빠는 옷에 풀씨를 가득 붙이고
으름덩굴과 함께 뒷산에서 내려왔다

아빠 옆에
큰아빠가 미나리 한 움큼을 두고 간다
물에 젖은 신발일랑 갈아 신을 생각 않고
저만치 돌아앉는다

큰아빠 그림자에
잔잔하던 냇물이
풍덩 일렁인다

정맥길

오하나

분뇨 냄새에 얼굴 찌푸린다
애꿎은 나뭇가지 발로 툭툭 찬다
햇볕 쪽으로 자꾸 몸이 기우는데

일행들 귀 기울인다
두목 마을 어르신 이야기
왜란 때 여기가 다 격전지였다고

정자 낀 나즈막한 마을 길 뒤로하고
가파른 골짜기를 찾아간다
낙엽만 푹푹 쌓인 길
그냥 휙 지나치면 모를 길
여기서 쓰러져갔을 이들

몸이 덜덜 떨리는 그늘에
일행들 한참을 서 있는다

나는 여기가 호남인지 금남인지
저 능선이 정맥인지 대간인지
혼자서는 아무것도 몰라도

기록에는 없는 이들을
우리의 누구 같았을 이들을
기억하려는 이 일행들 속에서
계속 걷고 싶다

불행을 막기 위한 일

이승규

1

마늘 냄새 나는 버스에서 내려
전주 시내 친구네 여관에 묵었다
다음 날 마이산에 다녀왔다
친구가 좋아했다는 여자가 아르바이트하는
전북대 서점 앞을 서성거리기도 했다
음악 소리 시끄러운 맥줏집에 들어가
괜찮은 척 목소리 높여 떠들어댔다
다 쓰러져가는 극장들을 지나
개천가에서 헛구역질을 했다
마이산 고개를 넘는 듯 숨차게
낡은 한옥 골목을 걸었다

무슨 일이 일어났는지 모르고
이어지는 열대야
적막 속에 잠들어 있던 전주

2

여기저기가 다 싸움터고 웅치라던
완주 아저씨 이야기 듣고 기념사진 찍고
웅치에 오른다 마이산이 안 보이지만
진안에서 전주로 통하는 길
전라도를 빼앗기지 않으려고 혈투 벌인 고원
왕은 잘 모르고 역사가도 기록하지 않은
웅치를 가파르게 달려 한옥마을에 간다
한식집, 한국말 잘하는 베트남 여자가 내온
매운 물갈비를 먹고 속이 뒤집힌다
어둠 은은한 거리, 한옥카페에서
얼그레이 홍차 마시고 차분해지는
사소한 전주성의 밤
누구도 신경 쓰지 않을 지난 일

웅치 넘어온 늦겨울 바람이

풍남문에 들썩거린다

무명씨들 1

손필영

　대보름 다음 날, 달집 태운 냄새가 아침 공기에 묻어 있다. 오래된 세 그루 회나무가 몸을 합치지 않고 그날을 소곤거리듯 붙어 있는 두목 마을, 우리도 그날 얘기를 듣고 곰티재*를 오른다. 녹슨 철골로 남은 신학대학과 요양병원 골짜기를 지나 양지로 음지로 돌고 돌아 진안고원을 오르면 칼날 고드름. 익산에서 포항으로 간다는 고속도로를 받치는 십 층 건물보다 높은 교각 아래에서 절벽 저 아래 폐건물 군단을 본다.

　곰티재,

　넘어오는 일본군을 목숨으로 맞선 고개.
　우수수 참나무 푸른 잎처럼 떨어진 목숨 고개.

　곰티재는 두목 마을에도
　전주로 넘는 고개마다 있다.
　바람이 들려주는 말을 품은 마을 이장님 같은 어른은 곰티 격전도 행주산성과 같은 대첩이라고 말씀하신다. 할아버지와

아버지는 칼을 들고 할머니도 엄마도 아이들도 나르고 뛰고
그 자리서 죽은 그날을 살아남은 누구도 없어 전하지 못했다
고.

　무명한 자 같으나 유명한 자**들이 있다고
　유명한 자 같으나 무명한 정치인들 이름 지우고
　무명씨들을 이 땅에 새겨 넣는다.

　곰티재,

　애곡도 기억도 없이 목숨들
　피 뿜으며
　이 땅에 엉켜 죽는다고
　온전한 사람으로 죽는다고.

* 전주와 진안의 경계. 금남호남정맥이 조약봉에서 호남과 금남으로 갈라져 내려와 만덕산 호남정맥으로 이어지는 진안고원의 고개. 곰티재 전쟁으로 일본군의 전주성 함락을 막았다고 한다.
** 《성경》,〈고린도 후서〉6장 9절.

무명씨들 2

손필영

긴바람
모래처럼 부서져 흘러내리는
낙엽들,
발바닥에 달라붙는다.
바람길,

참으로 평안하냐?* 진안眞安,
부귀를 쌓았다고? 부귀富貴,

모래재는 진안군 부귀면에 있다. 고원에서 모래재를 올라 삼정맥 분기점 조약봉을 가려고 가파르게 숨을 몰며 지난가을 떨어진 상수리 잎사귀에 푹푹 발을 빠뜨린다. 저 아래 전주 공원묘지 앞 편의점에서 올라오는 유행가는 세월을 길게 불러내다 혼처럼 골을 떠돈다. 발을 잡아끄는 듯한 낙엽 더미들 밑으로 무엇이 흐르고 있다. 부귀를 딛으려던 발바닥을 잡아당겨 시일까? 자꾸 미끄러진다.

이제는 아무렇지도 않은 낙엽
밟아도 쓸쓸 길게 소리만 내는

그도 한때는 살아 있는 잎사귀
나무에 붙어 햇빛 흔들고 뿌리 밀던 에너지

누워 있는 사람들
부귀 지위 평안할까?

---

* 《성경》, 〈마태복음〉 28장 9절.

금남호남정맥

조약봉 가는 길

이승규

공동묘지 끼고 가는 길

처음 가는데 와본 것 같은 길

낙엽 쌓여 비로소 편안해진 길

여럿이 걸어도 혼자 생각에 빠져 있다

돌아보면 느려진 일행들 걸음 눈에 박히는 길

여태까지 쉬지 않고 걸어온 길

고개 들면 먼 산줄기, 먼 숨결이 느닷없이 따라붙는 길

나 없이 날 휘감는 높고 깊은 길, 하얀 길

조약봉 가는 길

왼쪽은 호남, 오른쪽은 금남으로 뻗은 정맥길

평평한 둥지 같은 정상에 모인 일행들

웃으면서 같은 꿈 떠올리는 길

같이 걷는 게 꿈인 길

심통
– 부귀산에서

장윤서

나의 삽십여 년 된 선생님께서
마이산을 배경으로 나를 찍으신다
거기 서봐라 애, 한 번만 더
미안해, 한 번만 더
난 오늘도 모델료를 안 받고
선생님은 그 사진으로 유명해지시지 않으면서도
사진을 찍고 또 찍으신다
난 사진 찍는 걸 싫어한다
그런데 나보고 자꾸 모델을 하라신다
그래서 난 항상 무표정을 짓는다
고개만 입술만 미세하게 바꿔가며
삼십여 년째 소심한 심통을 부리고 있다

삼십여 년이 됐지만
난 아직도 선생님 앞에서는 가는귀를 먹나 보다
거기 서 있지 못하고
내 사진 한 장 남기지 못하고

선생님, 어떻게 하면
저 마이산처럼 굵은 귀를 가질 수 있나요
행은 언제 바꾸나요 연은 언제 나누는가요
시는 어떻게 쓰나요 시란 무엇입니까

가는입까지 먹은 제자에게
선생님은 삼십여 년 동안 명쾌한 답을 주시지 않았다
울먹이던 장전항 밤 바닷가에서도
포근한 햇살의 파키스탄 훈자 마을에서도
옥정호 운해 속 일출이 뜨겁게 뒹굴어댈 때에도

그래서 난 선생님에 대한 심통으로
선생님 사진기 앞에서 삼십 년은 더
무표정을 지을 거다
저 무거운 사진기 혼자 계속 들고 찍으시게
선생님 배낭은 내가 계속 뺏어 다닐 거다

황해 1
— 신무산에서

신대철

아직은 겨울과 봄 사이군요, 눈 맑아지는 수분재에 들르신 김에 신무산에 올라 금강 발원지 뜬봉샘을 들여다보시죠, 샘물 움트는 대로 밑바닥을 휘휘 휘감아 도는 사백일 킬로 긴 강줄기 한 지류에 뿌연 바람받이 모랫벌이 떠오릅니다, 정여립도 전봉준도 모르는, 아 그렇군요, 그 자신의 일조차 잘 모르는 젊은 남녀가 잠시 뜬소문처럼 머물렀던 흙모래 가루 자주 뜨는 모랫벌입니다, 육이오 때 북에서 위생병으로, 간호원으로 끌려 나와 남진하던 중 서로 사랑의 포로가 되자 대열에서 빠져나와 은신했던 곳입니다, 젊은 남녀는 뙤약볕 속에 찢어진 텐트 하나 치고 낮에는 숨어서 훗날 노모와 함께 평강고원 초록빛 구릉에 옥수수잎 넘실거리는 긴 밭고랑 풀 매는 꿈을 꾸고 저녁에는 될수록 멀디먼 동네를 돌고 돌아 구걸했습니다, 날이 지나면서 꼴 베는 동네일도 거들어 주민들 얼굴에 얼굴을 익혔습니다, 푸른 강 푸른 하늘이 짙푸르러지는 곳에서 동네 아이들과 헤엄치며 슬슬 다가오는 먹구름 떼를 시커먼 송사리 떼 속으로 줄줄이 몰아붙이고 한 옥타브 높아가는 종달새 노래에 실어 송장메뚜기도 높이 날렸습니다, 그날 밤이던가요, 젊은 남녀가 아이들의 꿈결 속에서 송장메뚜기를 끝없이 날리고 있을 동안 낙동강전투에서 피투성이가 되어 막 돌아온 마을 청년이 어둠 속을 낮은 포복으로 기어갔습니다. 탕!, 탕!, 탕, 마지막 총성은 끝내 들리지 않았습니다.

  금강은 그 총구멍 속을 유유히 흘러흘러 바다로 나갑니다, 파도가 없어도 울렁이는 황해로요.

뜬봉샘

손필영

수분재에서 진흙덩이 달고
나지막한 신무산으로 오른다
잔설 덮인 새잎 피해
발끝만 보고 오른다

발 옮길 때마다 몸 기울면
옆 사람들 같이 기울고
능선에 걸린 나무들
조금씩 눈썹 가까이 내려온다

볕 바른 곳
산기운이 품고 있는 뜬봉샘
강줄기 돌돌 맑은 물길에
이고 온 구름 빠뜨리며
물속을 들여다본다

몸속으로 열리는 물길

물 흐르는 대로
물 아랫마을 할머니들
아득한 손자들 모으라고
물 흐르는 대로
합수머리에 이름 없는 길 모으라고

뜬봉샘엔 새순 같은 물방울이 돋아 나온다

무진장 여름

최수현

암마이봉 등산로 아래 안내판
발길 붙잡네

봄꽃 아련한 돛대봉, 호수 푸르른 용각봉, 코스모스 들판 마이봉, 은빛 화폭 문필봉

문필봉이 꼭 가고 싶은 아이
돛대봉이 가고 싶은 엄마
어떻게 가지 저기, 옥신각신
안내판과 스마트폰 번갈아 보며
흐르는 땀도 잊네

아하, 어디로 가든 여긴 선경

폭소 나누는 두 사람
바위산을 조심조심 오르네
아이가 배낭 달라며 앞장서네

마당 같은 정상
두 사람 마주 보네 고원을 마주하네
무진장 여름이 싱그럽게 올라오네

마이산
-두 귀 남기고

손필영

능선 너머 구름 속에서 슬쩍 올라온 귀
살 말리고 뼈대로 서 있는 귀

흙바람이 사방에서 몰아친다
익산, 임실, 태안, 비명, 장수, 곡성, 진안,
의병 깃발,
네 귀, 열 귀 서 있다.

소리들 사라질수록
두 귀 남기고 바람이 펄럭인다.

데미 샘*

손필영

발길 돌길에 차이면서
상추막이골 너덜 지대 지난다.
돌이 구른다

기울어진 나무뿌리 감은
돌무더기 밑에서 물이 오른다.
하얀 까치수염이 저 혼자 떨리는 사이에도
어린 순 감아올리듯

아이들 자라서 떠나가듯
섬진강을 따라 광양만으로 남해로
동그랗게 흘러가는 동안
산줄기 녹은 물은 쉬지 않고 솟아오른다.

* 섬진강 발원지.

나제통문

손필영

새털구름이 지나가는 맑은 날,
물소리를 들으며 다리를 지나 통문으로 들어섰다.

먼저 간 일행이 저쪽에서 걸어오다
뒤따라간 우리 일행을 마주 보며 웃자
통문이 환해졌다.

우리가 웃는 사이
버스가 지나가고 사람도 지나가고 자전거도 지나간다.

돌아오지 않는 과거는 없다
– 데미샘에서

이성일

꼭지를 틀면
어디서나 펑펑
쏟아지던 물방울이

샘물 바닥에
어른대는 얼굴에
땀방울처럼

돋아 있는 데미샘은 섬진강 발원지다. 광양만에서 여기까지 삼 개 도 열 개 시군을 굽이치며 흘러갈 물방울을 보다가, 배낭 내려놓고 샘터에 앉아 잠시 숨을 고른다. 금남호남정맥 줄기 따라 여기까지 왔는데 하면서 한 모금 마시려다, 물맛이 뭐 거기서 거기지 하면서 생수통을 꺼낸다, 물값인지 기름값인지 모르고 사 마시던 생수통에서, 무언가 찰랑거린다, 갈증?

달아오른 불판에서 타는 물방울같이
이리저리 튀다가 스모그로 번지던 날들

공복과 허기를 구분하지 못하고
인생 뭐 있어? 하면서 청량리 골목골목
맛집 찾다 언 몸 녹아내리던 평양냉면

칠순 넘은 냉면집 사장님은 평양이 고향이다. 열일곱 까까머리로 피난 내려와 살기 위해 냉면을 팔았다고 한다. 냉면육수를 끓일 때마다 고향 생각나, 몇 번이나 가게 문을 닫고 다른 일에 손대다 빚만 늘어나, 지금은 다시 간판도 없이 가게를 열었다고 한다. 그래도 밤새 육수통 앞에서, 땀인지 눈물인지 끓이고 나면, 내가 우린 육수가 옥류관 랭면보다, 이제는 더 평양냉면 같다고 하면서, 고향방문단 평양 방문 때 먹었다는 랭면육수처럼 싱겁게 웃으신다.

땀인지 눈물인지, 고향 다시 등질 때 눈에 담아 온 대동강 물이
한 평 남짓 주방에서 희뿌연 물안개로 피어오른다. 갈증!

거기서 거기지 하던 물이 바다로 가지 않고
핏줄기를 타고 굽이굽이 산줄기로 흐른다
심장을 울리며 쿵쿵
길은 하나고 길은 반드시
백두로 대간으로 흐른다는 듯 쿵쿵

버찌 산행

이성일

천상데미 마루 길에서
삿갓봉 한번 보고
금남호남정맥으로
숨 돌리고 있었다

초여름 산행이라
체력 소모가 심해서인지
일상에 쫓기다
풀어진 긴장 때문인지
허기와 갈증이
한꺼번에 몰려왔다

배낭을 뒤지던 일행들이
서로를 바라본다
아차 싶었다가
설마 하는 눈빛이다

설마 하던 눈빛이
서로를 외면하다
당황스런 눈빛으로 변한다

누군가는 챙겼겠지 하면서
아무도 먹을 것을 챙기지 않았다

탈진 상태로 걷다 졸다
이쯤 되면 누구 하나 탓할 만한데
누구 하나 말없이 선각산 바라보다
삿갓봉에서 오계치로 하산하는데
일행 중 한 분이 숲으로 사라졌다
산버찌를 한 웅큼 따 오신다

너도 나도 버찌 물고
쌉싸름한 표정에 단맛 돌자
어린 날의 기억을 작은 씨처럼

툭 툭 뱉는다

일가도 친척도 없는 이 먼 길이
산줄기에 달려 온 마을 뒷동산인 듯

산이 산을 향하면
─ 장안산

이성일

심심하다고 해야 하나?
편안하다고 해야 하나?

영취산에서 대간을 내려와 칠백사십삼 번 국도를 건넌다.
무룡고개에서 다시 접어든 장안산 들머리. 겨우내 얼었다 녹
아내리는 잔설에 길은 진창이다.

등산화 밑창에 달라붙는 진흙이 산 같고
미끈덩 넘어지다 무거워진 배낭이 산 같은
산죽 비탈을 오르자 긴장처럼
길이 산을 풀어 능선을 잇는다.

몰아치는 바람도
코앞까지 다가와
일어선 암릉도 없는데

누가 뛰면 덩달아 같이 뛰던 전철역의 발걸음처럼 여전히

급해지는 발걸음, 잠시 멈추고 전망대 데크에서 지나온 산과
가야 할 산을 찾아 사방을 둘러본다

  남덕유에서 육십령으로
  영취산에서 백운산으로

  시간과 싸우려고 사는 것이 아닌데
  분 단위 초 단위로 시간을 재고
  분 단위 초 단위로 거리를 가늠하는
  삶은 어디로 흘러가는 산일까?

  긴장을 놓아도 편하지 않고
  오히려 심심해지는 그날 그날을
  견디며 사는 삶은 또
  누구의 시간일까?

  너무 많거나 하나도 없는

시간을 높이로
깊이로 오르내리다
곤두박질치다가
녹아내린 산을 신고
달라붙는 산을 메자
골짜기에 숨어 있던
봉우리 하나둘 솟아오른다

신무산 팔공산 삿갓봉 성수산

어디가 어딘지?
그때가 언제인지?
점점이 흩어져
맥을 잇지 못하던
꿈도 흐른다

산이

산을 향하면
길이 보이듯

장안산

신대철

잔설 사이로 이월
햇볕에 부풀어 오르는 고원 길

길 흔드는 바람 있는 듯
길 바꾼 날개 있는 듯
흐르는 기운 홀로 듣는 방울새

발로 가다 머리로 가다
일행에 뒤처져도 훈훈하고
그림자와 단둘이 가도 다정하다.

흘러간 흰 구름 먹구름들
지리산 연봉 운무에 섞이고
일행들 심장 뛰는 소리에
흩어진 발길 다시 돌아온다.

억새밭 사면에 악몽에 홀리지 않고

일행들 환하게 정상에 이른다.
여기부터 금남 호남
사발통문 속이든 그 어디든
높고 두려운 기억 속으로
일행들 가는 길은
언 발 뜨거워지는 길.

정맥 오르내릴수록 발걸음 깊어진다.

금남정맥

부소산에서

손필영

부소산에서 내려다보는 백마강은
백마강이 아니고 적벽강이라고
적벽강이 아니고 웅진강이라고
웅진강이 아니고 금강이라고
고란초잎 터지는 이슬에 들다

기둥
-버티는 자

한국호

부소산성 태자골 숲길
왕자들이 걸으며 세상을 품었다는 길
툭 툭 떨어진 도토리 몇 개 집어 든다
공기놀이할까? 너무 많이 줍지 마
소나무 상수리나무 바람이 햇살이 몸을 녹인다
매일 이렇게 산책할 수 있으면 아이를 낳아도 되겠다

미래를 꿈꾼다고?

횡단보도를 건너다 일부러 멈췄다 나는 가난하지만 차별과 멸시는 거부한다* 외쳤다 돌아오는 건 경적 소리 빨리 비켜 이 병신새끼야

걸으면서 꿈을 꾸지 마

지키기 위해 쌓은 산성
바닥만 남은 수혈건물지**에서

마지막으로 누운 사람

아래로 뻗은 기둥을 상상한다

발끝으로 버티는 자들

나는 나를 지킨다

미래를 버틴다고?

*   매년 10월 17일은 빈곤철폐의 날이다. 이 문구는 2019년 빈곤철폐의 날 슬로건이다.
**   70~90센티미터 아래로 곧게 파내려 간 구멍이 있는 움집 터. 백제 병영 집터로 추정된다.

신동엽 옆에서

이승규

조석산에서 낮아진 산줄기가
부소산 향하다 길가를 서성인다

부여군 부여읍 동남리
시인이 나고 자란 동네

"그리운 그 얼굴 볼 수 없어도
화사한 그의 꽃
산에 언덕에 피어날지어이"

그늘진 시비 너머
금강이 백마강으로 바뀌는 동안
물결 따라 너울거리는
백제군, 동학군의 마지막 함성

정림사지오층석탑을 휘돌아
사일구혁명 시위대 외침으로 이어진다

절터와 부소산이 내다보이는
부여중학교 삼 층 유리 창문에
그 목소리 그 눈동자 다시 일렁일 때

"울고 간 그의 영혼
들에 언덕에 피어날지어이"

그 후 소식 없이

신대철

초가을, 열여덟 살, 무전여행 끝에 계룡산에 이르렀다. 동학사에서 갑사로 넘어가는 산길, 친구 셋, 바위에 붙어 앉아 넘어야 할 길을 생각했다. 안개 속에 따라오던 은선폭포 사라지고 숨은 안개가 숨은 눈을 덮었다. 제 길도 넘어가라고.

그 후 소식 없이 우린 꿈도 생사도 모르는 채 서로 기대어 있었다. 그때 바꿀 수 없는 미래에 매달려 무슨 막꿈을 꾸었던가. 안개는 왜 그렇게 엷어지지 않았던가. 빈속이 아니고 속속들이 허했던가.

백두산 원맥이 멈춘다는 계룡산, 너덜 지대, 그 안개 기점.

이번엔 계룡산 바로 넘지 않고
통천문, 정도령바위
잠시 왕도가 된 신도안 초석도 둘러보리.
혼자 길 더듬어가며 정감록 벗어나리.

발길 둘 데 없으면

계룡대에서 별 당번하는 아들 다시 면회하고
별등 밟을 때
지그시 은하수 만들라고 농담하고
때로는 아무도 없는 숲속 빈터에서 빈터로 떠돌아 보리.

그 후 소식 없이 그 후
돌아오지 못한다 해도

육군통신학교

이승규

    쇼데를로 드 라클로의 소설 『위험한 관계』를 현대적으로 재구성한 할리우드 영화 〈사랑보다 아름다운 유혹〉을 다시 우리나라 배경으로 제작한 영화 〈스캔들―조선남녀상열지사〉의 포스터 카피가 "……통하였느냐?"였는데, 바로 육군 통신병과 마크의 번개 위 구호도 "ㅌㅗㅇ하라"였다. 자세히 봐야 알 수 있는 그 '통하라'를 체득하기 위하여 자운동 땅을 깎아 만든 황막한 교정에서 전투복에 처진 몸 욱여넣고 줄 맞춰 졸고 있던 야간 수업, 아카시아 향기 몰고 말벌 한 마리가 날아들었다. 형광등을 유리창을 칙, 칙 두드리다 머리 위를 위잉잉 선회하는 말벌, 긴장 풀어진 채 가는 웃음 번져가는 강의실, 다시 창문을 천장을 칙, 칙칙 두드리며 교신을 시도하는 말벌의 날갯짓 따라 향긋한 계룡산 바람 따라, 오로지 통하기 위하여 저마다 먼 곳으로, 못 참도록 그리운 사람에게로 녹슨 안테나를 세우던 봄밤

제발 개틀링건* 좀 쏘자

장윤서

내 깨달음과
네 깨달음이
서로 같은 것임을 안다.
다만 방향이 다른 그 깨달음들은
언젠가는 부딪치게 된다.

이해한다, 너무도 간절하게.
내가 네 쪽에 있었다면
내 탐욕은 너보다 더했으리라.

다만 난 지금 이쪽에 있다.
얼굴 한 번 못 본 할아버지 때부터
네 쪽을 응원하는 아버지를 거쳐서
알면 알수록 쌍욕 터지게
지금까지 이쪽에 오랫동안 꽂힌 채 흘러왔다.

너희를 쏘지 않으면

너희를 쏘지 않으면
너희들의 아이들을 가족들을
갈기갈기 찢어발기지 않으면
조만간 우리가 당하리란 걸
대둔산은 오래전부터 보여주고 있다.

눈물은 공유가 돼도 증거가 되지 못한다.
절규는 날카롭지만 박제되지 않는다.
의지는 죽음으로써 완성되지는 않는다.
그러니
살아라. 한 살 된 여아를 안고
백오십 미터 아래로 뛰어내리지 말고
우리의 기록을 너에게 맡기지 말고. 전부를
기록하라. 구차하고 처절하더라도
살아남아라. 소파에만 파묻힌
죽기 직전의 나도 살아남아서
분노로 친구 먹을 이쪽의 이름 모를 사람들과 함께

손잡이를 잡아라.

우금치고개를 모르는
젊었는데 지혜로운 척하려는 놈들과
이 산의 구름다리만을 예찬할
늙었지만 영원하려는 놈들에게도 박히게
돌려라. 세상도 돌리고 신도 돌려라.

아직 전투는 시작되지 않았다.
영원히 끝나지 않을 최후의 전투에 앞서
내 쪽에 서 있는 저쪽 편인 사람들과
당당하게 가운데에 서 있는 사람들에게 먼저
쏘아라. 더 이상 떠들지만 말고
개틀링건을 쏟아부어라.

* 회전식 손잡이를 돌려 발사되는 19세기 중반에 발명된 기관총의 효시. 동학농민혁명 당시 조선군과 일본군이 연합해 동학농민군을 우금치에서 학살할 때 쓰였다.

우금치고개
―금남정맥 1

신대철

운무 속에 잠기는 대둔산, 운장산
직각 절벽만 남는
계룡산 자연성릉,

삼불봉 가기 전에
금잔디 고개로 들어와
수정봉으로 내려온다.
숨길이 깊고 어두운 곳에서 올라온다.

어지러운 기억들 헤치며
부소산으로 가는 길
서너 발은 점점이 공주 시내를 들락날락한다.

공주시 금학동에서 이인면으로 가는 고갯길
부여 방면 40번 국도 변
주미산과 견준산 사이 우금치고개*로 들어선다.
외지에서 온 듯 노인이 십 대 아이들을 데리고

위령탑 비문과 긁어낸 글자**와 혁명의 정통성을 말하다가
중요한 건 민중들이 봉건과 외세에 맞서
무장봉기했다는 역사적 사실이라고 한다.

아이들은 발길이 쏠리는 대로 고개로 올라간다.
거기서 등에 부적 붙이고
죽창 들고 주문 외며
일본군과 관군의 총구멍 속으로 돌격했다는
농민군 이야기를 들으면
아이들은 무슨 생각을 하게 될까?
(그 절대불사의 영혼을?
아니면 우린 아직도 우리 편이 아니란 것을?)

더 내려가면 이인면
'유림 의병정란 사적비'가 있는 검바위
공주 지역 유림들이
동학혁명 백 주년 기념으로

일본군과 싸우다 쫓기는
동학농민군을 몰아냈다고 자랑한 비석이
보호수 팽나무 옆에 고인돌 옆에 서 있던 곳
사백 년 된 팽나무는 쓰러지고
떠도는 원혼을 짓누르며
완강히 버티고 있는,
동족이 동족을 처단한 그 공적비 앞에서
아이들에게 할 수 있는 말은?
(끝없는 혁명?)

오를수록 끝이 보이지 않는
움직이는 우금치고개를 넘으려고
나는 다시 정맥길로 돌아온다.
알맹이도 껍데기도 못 되어 가는 길
다가갈수록 부소산은 멀고도 멀다.

* 동학농민군이 반봉·반외세의 기치를 걸고 관군·일본군과 마지막 결전을 치렀던 장소. 우금치는 금남정맥에서 벗어나 있다.
** 긁어낸 글자는 '박정희', '5·16혁명', '시월유신' 등.

대둔산 소년
−금남정맥 2

신대철

우금치전투에서 퇴각하여
대둔산 석도골에 숨어든 농민군들
삼면이 절벽인
미륵바위 꼭대기 암자 터에

총안 같은 돌담과 초막 짓고
돌과 나무와 안개와
화승총으로 무장하고
하늘에 기대어 최후 항전

1895년 1월 27일 비
일본군과 관군
인간 사다리로 기어올라 절벽 후면 기습

사살된 임산부
포로가 되지 않으려고
농민군 스물다섯 명 모두

절벽에서 몸을 던짐

(한 살 된 아이 안고
절벽을 벗은 접주 김성주)

사로잡힌 소년
절벽 위에서
1919년 3월 1일 만세 소리 들었다

물결
-공주 1

신대철

꼭대기에 나무 한 그루 없어도 산이 왔다. 봉황산, 새가 울었다. 오를수록 모르는 나 앞서가고 미명의 시간, 누군가 시를 암송했다. 구름은 스치는 듯 스미는 듯 친구들 억양에도 한 자락씩 걸려 있었다.

멈춤, 해 오른 채 땅거미 지고 분지에 은은히 퍼지던 〈젤소미나〉, 바람결 가슴에 아린 길 내던 푸르고 캄캄한 트럼펫소리, 언제나 백사장을 헤매게 하던 그 하루 하루는 어디서 오고 있었을까?

멈춤, 뭔지 모르고 쫓아간 시위 행렬*, 잠깐 서서 뒤돌아보시던 임강빈 선생님, 금지된 곳 금학동 상수원, 금지된 시간 저녁 일곱 시, 통금** 넘기고 그 이튿날 학교 도서관에서 반성문 쓰고 정처 없이 헤매다 우연히 들른 용못***, 송장배미, 거기서 곰나루까지 걸으면 모래에 물소리에 가슴에 파동이 일었다.

혼자 마주한 기억들 하얗게 비워내고

네가 누구지? 묻고 물어야 금강 물결치는 소리 들리는 곳

공주, 찰랑이는, 넘치는

*   4·19 공주사대 시위 행렬.
**   당시 부고 학생들 통행 금지 시간은 저녁 7시.
***   용못은 연못 이름. 그 옆에 붙어 있는 논배미는 동학농민군들의 시신이 쌓였
       던 곳이라 송장배미라 했다. 공주 시내에서 곰나루로 가는 길에 있다.

말집
-공주 2

신대철

금남정맥을 타면 나는 어느새 공주 말집*에 가 있다. 친구가 학교에 오지 않는 날은 아무에게도 묻지 않고 그의 하숙집으로 달려갔다. 오 분, 온몸이 타들어가는 길, 그는 언제나 마지막 글을 남기고 기진해 있었다. 하숙집이 말집인데도 연락 한 번 못 하고 처음엔 그를 업고 나중엔 질질 끌고 도립병원까지 갔다. 그는 매번 살아났고 친구들과 잘 어울렸다. 모범생에 글도 잘 썼다. 그는 자살충동을 느끼는 순간 약을 먹고 글을 썼다. 무수히 중첩된 칠십여 통의 고독과 죽음, 다른 학교로 전학 간 뒤 그는 편지도 안 썼고 무사히 고비를 넘겼고 훗날 멀고 먼 나라로 이민 갔다.

바람모지에는
그냥 서 있는 그림자 하나,
아직도 언덕을 박차고 올라오는 조랑말의 거친 숨소리, 눈발에 호롱불 걸어놓고 말한테 뭐라고 속삭이며 목덜미를 쓰다듬는 아저씨의 정다운 목소리, 그리고 후우우 훅, 밤공기를 에워싸는 훈훈한 말의 입김.

* 말집은 반죽동 내 하숙집 별명. 집주인이 언덕에 짐을 운반해주는 마부였다.

나무 밑으로
―임강빈 선생님

신대철

학교에서 집으로 가는 길, 떨어진 단추를 들고 할머니집에 들렀다. 하숙하신다는 선생님이 살구나무 아래 조용히 앉아 계셨다. 꽃잎인지 나비인지 허공에 무엇이 나풀거렸고 울타리 저쪽엔 슬쩍 웃는 종률이 형, 장독대 옆에는 채송화와 노란 장다리꽃, 우물가에서 빨래하시는 할머니, 한적해도 들어설 데 없이 분주한 봄, 여기저기 기웃거리다 들어설 자리 없어 들판이 열리는 마을 끝 외할머니 집으로 내려왔다. 단추를 잃어버려 긴 행길을 왔다 갔다 했다. 우연이었지만 훗날 고등학교에서 그 선생님께 문법을 배웠고 한국문인협회 선거 때 담배 연기 자욱한 대한일보 근처 지하 다방에서 그 선생님을 뵈었다. 선생님은 대전에서 올라오신 여러 문인들께 인사를 시키셨고 신춘문예 심사위원을 물으시면서 큰 인연이구나 하셨다. 그 뒤 시와 멀어지면서 오가는 길 흐려졌다.

    언제나 마루 끝에 앉아 계셨고
    운동장 복판으로 가지 않으시고
    가생이로 나무 밑으로 가시던 선생님.

금북정맥

갈음이해수욕장

오하나

어떻게 알고 왔을까

금북정맥이 지령산에서 마지막으로 솟았다가
바닷속으로 사라지는 곳
골프장과 공사장과 사유지 진입금지 팻말을
빙빙 돌아야 겨우 찾아내는 곳

뒤틀린 해송 사이
문 닫은 가게와 텅 빈 평상
낯선 러시아어 표지판을 따라
모래 둔덕을 넘자
탄코이

이르쿠츠크에서 울란우데로 가는 길목의 기차역, 부리야트 사람들을 만나겠다고 내렸지만 사람들은 마을을 떠난 지 오래, 무작정 걷던 꽝꽝 언 호수, 그대로 얼어버린 거친 물살, 걸을수록 광활해지던 바이칼

뿌옇게 몰려다니는 모래안개 속에
해수욕장은 지워지고
얼어붙은 추위만 남는다

러시아어 표지판을 보고 오는 이들은 누구일까
근처 항구에서 일하는 노동자일까
해변을 찾는 여행자일까

돌아가면
이 이국의 바다는 무엇으로 남을까
금북정맥도 아니고
지령산 자락도 아니고
그들에게 여기는

모래능선

조재형

지령산 내려오면
정맥은 모래능선으로 흩어지고
해송 한 그루 사람 하나 찾지 않는
갈음이해수욕장을 지키고 있네

성난 검은 파도 덮쳐 왔다 가면
곱고 고운 모래사장
기름 눈물 흘리네

눈이 내리네
모래능선에 눈이 쌓이고
눈 위로 검은 모래 쌓이네

일엽 스님을 스치다

신대철

견성암*과 정혜사 갈림길에서
젊은 비구니 하나
눈보라를 휘감고 내려왔다.
청춘을 불사른 일엽 스님도
핏줄이 비치는 밤엔
눈보라로 불꽃을 피웠을까?

어린 시절 만공탑을 지나
조그만 토굴에서 만난 일엽 스님은
물살 속의 발간 조약돌 같았고
사춘기에 스친 일엽 스님은
빛도 그늘도 말갛게 일렁이는
살얼음빛이었다.

인간이 무엇이기에 '인간이 되려고'**?

울먹이는 보살을 따라 나온 일엽 스님께

물을 수 없었던 허공의 말

그대로 지닌 채

눈보라에 휩쓸려 온 덕숭산,

한 발씩 앞서가던 멧새들 보이지 않고

언제나 돌아서 있던 일엽 스님도

일주문 들락거리던 바람 소리도

견성암 눈보라에 묻힌다.

정맥 줄기를 찾아

가야산으로 발길을 돌리자

채 묻히지 않은 허공이 가로막는다.

무슨 '인간이 되려고'?

---

*   견성암은 수덕사에 있는 우리나라 최초의 비구니 선방(禪房)이다. 이 암자는 1930년 만공 스님의 뜻을 따라 도흡 스님이 정혜사 동쪽에 초가집으로 창건했다. 현재는 일엽 스님이 열반한 환희대 위쪽으로 이전되었다. 원래 정혜사 동쪽에 있던 견성암은 두 칸 반 정도되는 초가집이었는데 당시엔 그냥 토굴이라 했다.

** 일엽 스님(1896~1971)은 그의 회고록 『청춘을 불사르고』「서문」에서 "인간이 되려고" 출가하셨다고 한다.

명당 2
-가야산 남연군 이구의 묘

한국호

가야사 불 지르고 탑을 부수어
흥선대원군이 남연군 모신 자리
풍수지리가 말대로
천자 고종이 나올 자리
무덤이 파헤쳐졌다
명당이었을까?
천자였을까?

철벙거리는 눈을 밟으며 남연군 묘 앞에 선다
산 능선 골과 골 사이에
눈을 피해 박해를 피해 숨어 든 사람들
보일 듯 말 듯 모두 이어져 있다
눈이 녹고 있는
여기가 명당인데
평지에 홀로
남연군 이구가 잠들어 있다

오서산 1

신대철

독배*에서 여객선 타고 세 시간
작은 섬들 빙빙 돌아
꿈 통통거리며 가면 안면도,
더 가면? 중국 땅 연제?**

장꾼들
광천시장에서 떼 온 물건
이고 지고 내리고
비좁은 선착장에 미리 와 있던 친구,
보는 순간 환하게 트이던 어촌

빈 앞마당에 반질거리는 아령과 역기
빨래줄 흔드는 파란 셔츠
체육 시간에 유난히 빛나던 근육

꿈 얘기로 들떠서 밤을 새우는 동안
물결 들어왔다 나간 자리로

바람 불어오고
갯골에 은하수가 흔들렸다

친구는 어릴 때부터 무역이 꿈
그 뒤에도 계속 그 꿈을 꾸었을까?
이제라도 말해야 된다면
내 꿈은 흩어진 혈육들 모이는 것
시끌벅적 떠들고 웃는 것

정상 지나 억새
바닷바람이 꿈결처럼 다가온다,
백월산에서 꺾어 든 정맥길은
구리 징*** 같은 수평선 위의 해를 품고 가야산으로 가고
우린 섬과 섬을 품는 바다를 보며 숨결을 고르고

* 뒷산에 옹기바위가 있어 동네 이름이 옹암리인데 우리말로 하면 독배이다.
** 다산이 좌천되어 금정찰방(역참을 관리하던 하급관리)으로 있을 때 오서산에 올라 쓴 일몰 시에서 인용.『대산문화』 2004 봄.
*** 같은 책.

다락골 줄무덤

손필영

머리 풀린 사형수들
포도청을 울리는 사또의 호령 소리

찢어진 몸, 피 터지는 배 속에서
뜨거움이 목까지 치밀어 오르는 사이

순결한 숨결 죽일 수 없어
몸을 죽이기로 한 순교자들

오서산 기슭, 다락골
밤에 몰래 옮겨
매장한 사람들

양지바른 곳, 고요하다

구룡리

신대철

다산이 답답한 심경에
힘센 장사를 얻어 와
걷어차 보고 싶다고 한
'저놈의 구봉산'*

남양 쪽은 새로 생긴 금요장에
맥문동, 청양고추 널려 있고
화성 쪽은 벌목 중
갱목 같은 나무토막들 굴러 내린다,

약초와 열매 대신
금 쏟아지던 구봉광산 시절
폐석 더미와 휘황한 불빛 아래
아주머니와 화장한 아가씨들
머리끄덩이 잡고 싸우던 구룡리는
노인회관 옆에 띄엄띄엄
집 몇 채 흔적만 남아 있다.

그때 동네 아이들은 자주 울었고
머리 아파 결석하고 소식 없었지만
광산 제련장 견학 갔다 오는 날은
광맥을 따라 지하 속으로 들어가
금맥이 합쳐지는 노다지 꿈을 꾸고
밤새 녹슨 마광기를 돌렸다.

* 1795년(정조 19년) 4월, 청나라 신부 주문모가 잠입하여 서교를 전파하다가 7월에 발각되었다. 그 사건에 둘째 형인 정약전이 연루되었기 때문에 다산(34세)은 7월 26일, 정3품 병조참의에서 종7품인 금정역 찰방으로 좌천되었다. 당시의 심경을 읊은 시 "시름 젖은 얼굴 앞에 겹겹 산이 조여 드니/답답하기 언제나 독 속에 앉은 꼴이라네/번쾌(樊噲) 같은 힘센 장사를 어디서 얻어다가/저놈의 구봉산을 걷어차 볼까". 『대산문화』(2004 봄)에서 인용. 『다산시문집』 제2권에 금정찰방 당시 지은 시 30여 편이 수록되어 있다. 후에 다산은 마음이 안정되면서 구봉산에 사과하는 시도 남겼다.

구봉광산 뉴스
  -구룡리 2

신대철

양창선 씨는 1967년 8월 22일, 썩은 수직갱 받침 나무가 내려앉는 바람에 지하 백이십오 미터에 매몰되었다가 9월 6일, 십오 일 만에 구조되었다.

"가장 절실한 것은 밥 생각, 그다음 어린애와 마누라 생각."

양창선 씨 구출 작전이 톱 뉴스로 중계되면서 6·8 부정선거 반정부 시위는 묵은 뉴스가 되었다.

로드킬
― 차령고개를 지나다가

장윤서

아, 무엇이었을까.
어둠 속에서 확 튀어나와
더럭 더러럭 차바퀴에 치인 것은.
사슴이었을까, 고라니였을까.
큰 동물은 아니었던 것 같긴 한데
이 불편하고 수상한 안도감은 무엇인가.
개? 고양이? 너구리, 다람쥐?
사랑을 나누던 개구리 부부?
그들의 올챙이들? 알?
절대 그럴 리는 없겠지만
갓 걸음마를 시작하던 귀여운 어린아이?

차 속도만큼 빠르게
다시 어둠 속으로 확 묻힌 그것은
또 누군가의 타이어에 밟히고 밟혀
시멘트 도로에 며칠짜리 무늬가 되겠고
고요한 밤, 잠자리에서 갑자기 튀어나와

내 꿈자리에 심란한 무덤을 만들겠지만
정작 겁이 났던 것은
내가 무엇을 없앴는지도 모른 채
주저대는 맘에 액셀을 계속 밟고 있는 것이었다

끊어진 마루금에서
저 깎여진 산에서
파헤쳐지는 강
희미해지는 별들에게서
수근거리는 얘기가 들리는 듯하다.

바우덕이 무덤

손필영

삼정맥 분기점을 지나
금북정맥을 타고 가다
서운산에 이르자
바우덕이가 어른거린다.

불당골에서
새싹 튼 몸 밀고 나와
땡볕 피해 장마 피해 떼루떼루 인형 놀리다가
도토리 떨어지는 가을,
굴러굴러 겨울로 돌아오던 남사당패,
짐 싸고 풀 때마다 무슨 생각을 바꿔 넣었을까?

(어름산이* 바우덕이는
지평선 위에서도 아슬아슬 출렁이다
죽어서도 물가에서 물줄기**를 탄다)

냇가 조그마한 언덕에 자리 잡은 무덤에는

흰 싸리 활짝 폈다 저 혼자 사라진다.

이 땅의 여자에 대해서는 말 안하고
이 땅의 기예에 대해서는 말 안하고
이 땅의 가난에 대해서는 말 안하고

*   '줄타기' 재주를 부리는 광대를 일컫는다.
**   바우덕이의 유언에 따라 그녀는 서운산 기슭 냇가에 묻혔다.

제멋대로 휘어진
−바우덕이*

이승규

살기 위해 놀았다
허공에 외줄
흔들림이 춤이 되고
흐느낌이 노래가 되어

무동으로 안성 사당패 들어가
매 맞으며 동냥 돌고 재주 익혀
열다섯에 소녀 꼭두쇠가 됐다
천하고 가난한 생명붙이들 흥 북돋고
시름 훔치며 살을 대신 맞았다
폐병에 스물셋에 개울가 묻히기까지
외줄은 몸뚱이 꽁꽁 감는 오랏줄이었을까
찬연히 공중에 몸 띄우는 도약대였을까

살아지는 김에 다시 신명 나게 놀아보려고
장터로 절로 궁궐로 피가 끄는 대로
외줄에서 장단 맞췄다

짓누르는 하늘 이고 하늘로 솟았다
서운산 청룡사 대웅전을 받치고 있는
기둥**처럼, 휘어지는 운명처럼

---

*   안성 남사당패를 이끌던 유일한 여자 꼭두쇠. 청룡사 불당골에 본거지를 두고 전국적으로 활약하다 요절했다.
**   청룡사 대웅전의 기둥 일부가 'S' 자로 구부러지거나 굵기가 다른 나무로 되어 있다.

아는 얼굴
―아양동 미륵불

이승규

넉살 좋은 아저씨 화물차 얻어 타고
배티고개에서 안성으로 들어갔다

골목을 돌고 돌아 동네 구석에
거짓말처럼 미륵불이 서 있었다
뚜렷한 눈썹에 큰 눈, 도톰한 입술
우습도록 커다란 얼굴

목이 댕강 떨어져서 시멘트로 목 붙이고
잘려 나간 아래 대신 상반신으로 우뚝 서서
아양동 주공아파트 수위실을 수호하고 있나

전에는 그저 밑에 엎드려 치성드렸을 불상
온갖 염원, 각종 염려에 닳아빠진 두 귀
네 맘 다 안다 걱정 마라 가슴에 댄 긴 손

다시 보면 시장 어귀에서 언뜻 마주친 얼굴

비닐봉지에 고사리나물 덤으로 넣어주고
고봉밥 푸다가 생뚱맞게 먼 하늘 보고 있는
아는 아저씨 같은 아줌마 얼굴

명당 1
─성거산 소학골 교우촌

한국호

산기슭 따라 비스듬히 누운 줄무덤 지나 외딴 산길 속으로 들어간다. 다시 비석 없는 줄무덤. 고개를 넘는다. 성거산 동쪽 자락 팻말로 찾아가는 소학골 교우촌. 좁은 산길 끝에 시야가 트인다.

산자락 따라 남은 계단식 논터 밭터
무덤보다 깊숙한 곳에 숨어
산 모양 그대로 안긴 마을
숨을 사람 숨길 사람 없어도
음지도 양지도 없이
무성한 야생화를 키운다

바람결에 눈 흔적
- 금북정맥 문박산 가는 길

신대철

오랜 시간이 흘러도
고향 친구한테 가는 길은
산을 타고 달려가는 길,
언제나 뒷동산에서 출발하기 때문일까?
아직 몸속에 꿈꾸는 길이 남은 걸까?

빙하 끼고 오르는 화강암 석경길
파수 빙하*
고갯길에서 물물교환하는 토착민들은
떨어져 있는 동안
정도마음도눈빛도
바람결에 주고받을까?
(젊은 날, 자신을 갖지 말라고
다정히 충고한 인문학자는
추억에서 오지 말고 사람 사이에서
자아에서 오라는 것이었을까?)

금자봉 지나 산길 흐지부지 흐려지고

스무재까지 간다는 산꾼 앞서가고

사이 벌어질수록

부질없이 다가왔다 멀어지는 흰 발자국들

문박산** 초입으로 눈이 쏠린다

옛 친구들 없어도

옛 시간에서 온 발길은

어느새 어지럽게

어슬티에서 싸리울***로 흐른다

---

*   카라코람 하이웨이에 있는 빙하(20.5킬로미터). 훈자 마을에서 국경 마을 소스트(파키스탄 출입국관리소) 가는 길에 있다.
**   금북정맥, 청양군 운곡면 위라리 소재, 338미터.
*** 고향 친구들이 살던 동네인데 지금은 모두 제주, 대전으로 이사 갔다.

팽나무에서 내려온 길
 -금북정맥 아리고개

신대철

길 잘 못 든 길
길들여 가는 정맥길

사람 다니지 않는
뒤엉킨 잡목숲에
자작나무 줄줄이 서 있다.

자작나무 보러 십 리를 걸어가던 그때로부터
얼마나 많은 사람들이 돌아와
여기 자작나무 숲이 열린 것일까?

오늘 지나가면 다시
지나갈 수 없는 길

아리고개에 오니 정맥길은 흔적도 없다.
멀리서 온 정맥꾼들 쉬지 않고 스쳐 가고
나는 숨결 고르며

산 아래 깃든 그윽한 싸리울
한번 살고 싶었던 동네를 바라본다.
친구 떠난 뒤
지금 거기 사는 이들도 인바위에서
칼바위도 오르고 채동선의 〈고향〉도 불러본 이들일까?

지도는 지도대로 가고
나는 나대로
야생의 공터
팽나무에서 내려온
길 없는 길로 가고

길만 보아도
뒷모습만 보여도 아리던 길에서
혼자 한없이 올라와
다시 정맥길에 들어선다.

한남금북정맥

칠장산, 초가을, 4시

손필영

초가을 햇살은 4시쯤 걸렸다가 산그림자 따라 안성 들녘으로 저물어들겠다

절 초입으로 날아다니는 산새들,
산 중턱까지 날아오르는 까치들,

정맥이 아니어도 올랐을까? 새소리 물소리 바람 소리 잠시 쌓이다가 흩어진다. 일곱 악인을 계도하여 칠현사*라는데. 악인은 누구? 현인은? 어디에서 갈라지는가. 산새가 집새로 날아오르는 칠장산에선 분기점을 찾다 살아온 대로 살아온 이들이 어느 날 길을 바꾸어 바다로, 산 위 산으로 내려가겠다. 구름을 가르는 전투기 소리에 서남쪽 하늘은 시월을 기다리며 깊어진다

칠장사를 거쳐 가면
흘러온 산길 비로소 평지로 열리겠다

* 칠장사의 다른 이름. 조선 명종 때(1560년경)에 생불로 추앙받은 칠장사 주지 스님인 병해대사가 입적하자 임꺽정은 스승을 위해 목불(꺽정불)을 조성하였는데 지금까지 보전되고 있다.

칠장산에서

이승규

죽산에 있지만
대나무가 적은 산
가느다란 개천 흘려보내며
한적한 세월 나는 나이 많은 산

언젠가 횃불 들고 관아 습격하던 장사들을
산죽 틈에 숨겨주었다
죽림으로 끌려가 참수당하던 천주교도들의
나지막한 기도 소리 듣기도 했다
어느 날 포성도 잦아들고 동구나무 우지끈 부러지고
배급받던 소년들이 산에 올라 배고픈 메아리를 불렀다
한 소년이 자라 군화 조여 신고, 심장이 점점 뜨거워져서
정상에서 마을로 내쳐 달렸다, 포탄에 주저앉던 윗말 공부방에서
공부하던 소녀 만나 같이 살았다, 타지에서 아일 낳았다

타지에서 큰 아이가 백두대간을 흘러 내려왔다

정맥 갈림길 찾아 이 산에 돌아왔다
고요히 바람에 귀 기울이다가
무성한 고함 소리, 발걸음 소리 새겨듣고
무참한 피냇물과 눈물의 골짜기 간신히 돌아
할아버지 같은 칠장산, 은은한 햇볕에
축축한 껍데기를 말린다

앉은뱅이꽃

이승규

새로 칠한 초등학교 정문 앞
좁다란 골목에 기울어가는 지붕
검푸른 이끼 담장 어루만지는 손

돌아가신 아버지가 쌓은 벽돌이야
열일곱 때까지 살던 집

마당에 골목에 피어나는 얼굴들
부르는 목소리에 활짝 대답하려다
저도 모르게 어깨 들썩이던 장날 떠올리며
그녀는 추운 장터를 걷는다, 문 잠긴 포목점과 식당
낮에도 불 켜진 부동산 사무소 지나
비닐 덧댄 단칸방 노인의 마른기침 소리
줄 묶인 개의 꺼칠하고 휑한 눈빛 피해

그녀는 마을 뒷길로 성산*에 오른다
말 탄 몽골군이 몇 차례나 할퀴어도 끝내 버텨낸 곳

세월이 주저앉힌 성벽에 포크레인이 멈춰 있다

죽주산성 성벽 위를 걷는다
죽산 들녘이 흐르고 황색골산, 남산 줄기가 일어선다
아이들과 뛰놀며 감자 먹던 치성雉城 근처에는
오로지 난공불락의 기억만 남아
바람 차가울수록 두 볼 뜨거워지는 저녁
성벽을 돌아 서문에서 바라본다,
큰길이 지나가며 버려도
키 낮은 앞뒷산이 그대로 감싸 피워내는
죽산의 흐린 불빛, 앉은뱅이꽃밭

* 죽산 사람들은 비봉산 동쪽 줄기에 있는 죽주산성 일대를 성산(城山)이라 부른다.

건너뛴 한 구간
—조명희의 「경이」에 붙여

신대철

　　건너뛴 정맥 이으려고 진천 국도로 들어섰다. 안개 자욱한 산능선보다 먼저 떠오르는 조명희. 추석 지나 한가한 군청, 뒤편, 이면도로, 어둠 속에 묻히는 벽암리, 어린 칠석*이가 날마다 들판에서 묻혀 온 생기로 황금빛 우주를 꿈꾸고, 공손하게 조금씩 꿈 굴려가다 돌덩이만 남는 우주를 뜨겁게 달궈 밤마다 끌어안던 그 숫말 그 옛집엔 담장도 밤나무도 없고 돌가루에 쓰레기 더미에 구겨진 선물 포장들.

　　깃들 곳 없는 길가
　　이백 년 된 느티나무 품에서
　　나는 폭탄이 되겠다던 로사**를 생각하다
　　천길 발길을 돌리는 순간, 빽 하고
　　하이빔 켠 차 멈췄다, 남은 말 폭발시켜 가고

　　눈보라, 눈보라, 시베리아
　　이름만 울려도 사람과 말 사이
　　살얼음 잡히는 흑룡강, 연해주 일대

그 어디에서 그대는 '짓밟힌 고려'*** 넘어
'영원의 빛'****을 찾으려 했는가.
고려인 강제징용자 가족들
모스크바, 사할린, 하바롭스크에서
칠십 년 만에 영구 귀국하는 명절에
그 빛으로 살고 그 빛으로 죽은
망명자의 귀향길엔
우주의 숨결밖에 없는가.

건너뛴 한 구간
간신히 우주의 숨결로 이어 붙이고
한남 금북 분기점으로 가는 길
묵언 마을 초입부터
밤송이가 쏟아진다.

* 　　조명희의 아명. 조명희 부친이 칠순에 얻은 아들이라 하여 붙여진 이름.
** 　　「낙동강」의 로사(박성운의 애인).
*** 　　조명희의 시 제목.
**** 　　조명희 시 「나의 고향이」에서 인용.

또 하나의 바람

장윤서

감춰진 산
주민들도 처음 들어봤다며
저기, 저 동네 뒷산 말하는 겨?라고
갸웃거리게 하는 산
음성군청 직원도
이십여 분 갸웃거리다
주유소 직원에게 떠넘겨져서
결국은 잡목 숲에 몸을 긁혀가며 찾아낸 산
大속리가 아니라
小속리라서 더 찾지 않는 산
외로운 산
소속리산

꽃너미절*의 도둑맞은 좌불상이 돌아왔나
부처를 얼마나 쓰다듬었기에
이다지도 야생화가 많이 피어 있나
소속리산 정상에 바람이 분다

조용히 홀씨가 떠다니자

정맥길 가득한 산초나무

차례차례 까만 산초를 흔들고 있다

산 아래 꽃동네** 어딘가에서

상처받은 이들을

누군가가 쓰다듬고 있나 보다

*   이 마을 주민들은 '꽃님이절'이라고 부른다. 폐사된 지 오래되어 절터만 내려오다 30여 년 전, 이 자리에 '용흥사'라는 절이 들어섰다. 이 절에는 30센티미터 크기의 좌불상이 있었는데 이 부처상을 만지면 바람이 분다는 이야기가 전해지고 있다. 이 좌불상은 1930여 년경에 도둑을 맞았다고 한다.

** 1976년에 설립된 사회복지시설. 의지할 곳 없는 분들을 도와주고 있다.

큰산*의 정기

장윤서

속리산의 정기가 흐르는
한남금북정맥 큰산의 기운이
반기문이라는 인물을 만들어냈다는대
만약 그가 유엔 사무총장이 아닌
상당리 선량한 촌부로 남아 있었다면
큰산의 정기는 없었던 것일까?

김복진, 김기진 형제와
홍명희, 조명희, 정지용, 조벽암, 오장환의 큰산을
그 시대 주민들은 뭐라고 얘기했고
우리는 어떻게 얘기할 것인가
산의 정기에도 이데올로기가 있는 것일까

큰산이 굴려준 밤이며 도토리를
하나하나 정성스레 골라
그의 책상 한편에 올려줬을
반기문 총장의 부모가

그에겐 진짜 큰산이었을 터

공사 중인 생가 터 주변
새로 만든 정자에
누군가에게는 큰산이었을
노인 한 분 앉아 계신다
유엔은 뭔지도 모르고
반기문만 안다는 노인
큰산이 선산이라며
당신도 그곳으로 가신단다

* 산 아래 상당리에 반기문 전 유엔 사무총장의 생가가 있다.

간벌

손필영

먼 데 나무들 새움 감아 푸른 꿈을 꾸는 동안 산등성이에는 뿌리 잘린 나무들이 줄지어 누워 있다. 앵앵 소리 산 밑까지 덮는다. 하얗게 질려 있다 산을 흔들고 쓰러지는 나무들.

양지바른 봉황사* 날리고 마을 잡아 흔들던 이가 대신 들어앉은 봉분, 얼굴 잃은 망부석에도 봄바람이 스친다.

보광산
산기운은 길게 누운 나무 밀어내야
상처로 살아내는 인간처럼
봄빛이 드는가?

양지쪽 햇살에도 그늘이 서려 있다.

---

*   보광산에 있는 고려 시대의 절터. 지금은 대웅전 터에 무덤이 들어섰으나 9층 석탑은 남아 있다. 명당 터라 조선 시대 세도가인 관찰사의 후손들이 절을 엎고 무덤으로 조성했다고 한다.

낙가산을 찾아

손필영

잊은 줄 알았다, 아들 하나 살리기 위해 아홉 딸을 죽게 한 어미*를, 상당산성을 돌아 걷는 동안에. 출렁다리에서 흔들리다가 멀리 봉수대**를 댕겨 뜨거운 불길에 휩싸인다
 딸은 남의 집 배메기? 심장을 두들기는 말이 안성에서 청주에서 마을에서 뒷산에서 올라와 이 땅의 유전자처럼 정맥을 타고 흐른다

언젠가는 바다로 흘러들겠지만
맨땅도 흔들리는 나는
흔들리지 않기 위해 무덤을 옆에 두고 걸어간다

해그림자 늘어지자 낙가봉에서 부는 바람 타고
능선을 가로지른 까마귀 나를 먼저 덮는다

*   구녀산성에는 한 어머니의 외아들과 아홉 딸이 목숨을 걸고 내기를 했다는 전설이 있다. 아들은 나막신을 신고 서울 갔다 오고 딸들은 산 위에 성을 쌓는 내기다. 산성이 완성될 즈음 어머니가 팥죽을 끓여 딸들을 먹이는 사이 나막신을 신은 아들이 돌아왔고, 내기에서 진 딸들이 산성에서 뛰어내려 죽었다고 한다.

** 이인좌의 난이 일어났을 때 사랑하는 여인이 반란군에 죽임을 당하자 연인은 그 시체를 봉수대에 넣고 태워 반란을 중앙에 알렸다는 이야기가 전해진다.

바람주머니

김일영

것대산 정상
높이 달린 바람주머니는 바람 부는 쪽으로
동그랗게 입을 벌리고 몸을 부풀리고 있다
바람의 속도가 거칠수록 바람주머니는
수평으로 곧다

바람이 조금만 약해지면 금새 시들해지며
수직으로 배를 움켜잡고
다시 수평을 향한 몸부림은 것대산을 울린다
수평을 이룬 때가 가장 적기라는 생각이 미칠 때
패러글라이더의 발이 마침내 땅에서 이탈되고

새벽 눈을 뜨면서부터 시간에 쫓기며
몸을 가눌 수 없는 만원 전철에서
척추동물의 근간인 척추가 유린당하고 나면
바람이 자는 날 바람주머니처럼 축 쳐져버린 몸뚱이
곧게 설 날을 꿈꾼 지가 언제던가

또 한 패러글라이더 지상으로부터 결별한다
나에게로 회귀할 수만 있다면 언제고
일상으로부터의 탈출을 시도할 것이다
패러글라이더가 낙하산을 농락하며
것대산을 휘돌아 낙가산 쪽으로 멀어지자
바람주머니가 바람을 가득 품고 수평을 이룬다
나도 척추를 곧게 세워본다

북상골

신대철

사람 하나 살지 않는 북상골이
복사꽃 환한 골이었다는군요.

뒤돌아볼 데 없이
사람 막히고 길 막힌 이들
야밤에 아이 업고 보따리 이고
갈 수 있는 데까지 걸어 들어간 곳

복사꽃 햇빛에 복사꽃 새소리
그곳이 화전민 마을이었다는군요.

물 굽이굽이 돌아가는 곳
그 어디에 세상이 붙어 있든
잊으려고 불 지르고
잊으려고 화전 일구고
아이와 함께 설레는 마음으로
목청 석총 꿈꾸다

침과 나무 가루와 허공으로 접착된
빈 벌집 같은 꿈속으로 들어가
돌아 나오는 길 지워버린 이들
복사꽃 햇빛에 복사꽃 새소리 남기고
소리 없이 땅바닥에 스민 움막들.

그 꿈속으로 들어가지 않으면
북상골 화전민을 찾을 수 없다는군요.

오장환 생가
―쌍암재에서 1

신대철

구룡산 상봉 가까운 갈림길에서
내리막길 막 쏟아져 내리면
덧댄 치맛단 같은 개활지,
군데군데 주름 잡힌 묵정밭엔
노릿노릿 꽃 피는 도깨비바늘

회인, 내북을 가르는 쌍암재에서
우린 마루금 끌고 회인골로 내려간다.

동네 애 어른 할 것 없이
솜방망이불로 고기 잡았다는 회인천을 따라 세 골 바람이 울부짖는 곳, 겨울엔 뼛속까지 후려치는 눈보라에 울면서 다닌다는 저 위숲머리에서 아래숲꼬리로, 하마실에서 마평으로, 주막 자리에서 망월천으로, 적막한 향교와 풍림정사와 인산객사로 황황히 떠돌다가 우린 하나씩 혈혈단신이 되어 골목길로 들어간다, 빗줄기 타고 내리는 휑한 햇빛에 잔잔히 떠 있는 초가집 하나, 안온하다.

'날쌔고 말수 적고
생각이 많은 산골아이 오장환'*

그는 다만 눈보라가 함박눈이 되기를 바랐을 뿐
그는 다만 오래된 도판 하나 바꾸고 싶었을 뿐

다가가면 도깨비바늘도 국화과 초롱꽃목
바늘 감추고 겸연쩍게 혀꽃 내미는 야생화라고.

---

*   혜산 박두진 선생님은 안성초등학교 동창생 오장환을 날쌔고 말수 적고 생각
이 많은 친구로 기억하셨다.

두루봉동굴
-쌍암재에서 2

신대철

기다리고 가지 않아도
언제나 우리에게
오고 오는 한 아이, 홍수아이*

쌍암재 너머 문의면 두루봉에는
사슴 뼈 쪼아 만든 인물상과
사만 년 전 한반도의 첫 핏줄
홍수아이의 동굴이 있다.

오륙 세쯤 되는 아이
석회암 낙반석 위에
반듯하게 누운 채
고운 흙과 꽃가루로 덮인 아이

(수명이 십수 년인 구석기에 오륙 세면 꿈꾸는 나이? 꿈이 무서운 나이? 그땐 뒤돌아보지 않는 발길도 꿈길이었을까. 둥둥거리는 가슴을 쿵쿵쿵 발자국으로 누르고 눌렀을까. 옆 동

굴에서 옆 동굴로 아이들 불러내어 하얀 뼈 속의 영혼도 불러
내어 춤추고 노래하고 사냥 연습도 하였을까. 슴베찌르개로?
피 흩뿌리는 짐승에 고통도 느꼈을까)

   골반과 안짱다리는 여자아이
   튀어나온 쇄골은 남자아이

   시간은 흐르고 흘러
   이 지상에 다시 불려온 아이가
   여자아이에서 남자아이로
   다시 중성으로 바뀌는 동안
   탄광은 폐기되었고
   동굴은 물에 잠겼다.

   비가 온다, 빗속에 비가
   몸속에 홍수아이가 들어온다.
   꿈도 유전되는가?

나는 어둠 한복판에

간신히 왼발 디디고 오른발 내밀고

조금씩 기운 도는 대로 움직여 간다,

뒤돌아보지 않고.

* 1982년 12월 5일 두리봉에서 아이의 유골을 처음으로 발견한 김흥수(한흥문의광산 전무) 씨의 이름을 따서 흥수아이로 불린다. 발견 당시에는 소녀 또는 여자아이로 발표되었으나 시간이 지나면서 남자아이로 바뀌었다가 마침내 중성이 되었다. 흥수아이 조각상에 아랫도리가 가려진 것은 아직 성별 논쟁이 진행 중이기 때문이다.

내려온 능선
― 시루산을 오르면서

손필영

 일월에 문득 찾아온 봄빛에 버들강아지는 미리 움 벌고, 평지 찾아 떠난 사람 기억하듯, 계곡은 소리 내어 흐른다. 막다른 골짜기엔 마구 쏟아진 밤잎, 참나무잎, 바람 밀고 능선이 내려온다. 두 마을, 두 길, 늘어진 겨울 벗고 달려온다.

 박새들 햇살 쪼아 내리는 동안
 아득히 천왕봉 따라 대간이 출렁이고
 그 뜨거운 물결을 받아
 한남금북정맥도 일행들도 일렁인다

 우리 일행들 사이사이에도 봄빛이 흐른다

시루산에서

김일영

속리산에서 시작된 능선은
꿈 실어 띄워 보낸 종이배처럼
출렁이며 흘러간다
한남금북정맥의 중간쯤
기다리다 지친 간이역처럼
시루산이 구봉산을 앞에 두고 졸고 있다
천년을 하루같이 흐른 시간이
골짜기마다 고여 있다
큰물 없어도 습기만 있다면
푸른 꿈 닿을 수 있다고 믿는
두평리 계곡 웅덩이 속 버들치
성급한 봄 햇살이 겨울을 비집고
능선을 깨우고 있다

무수목

조재형

산기운만 스쳐도 황홀한 초가을
첫 물길 만나는 무수목 양지쪽 햇빛 밑에서
그대를 만났습니다

세상 속에서 살려고 살아보려고
애써도 살아지지 않아
속리에서 내속리로
번잡한 마음 버리고 새 기운 얻으려
수철령 닫아두고
마음 닦고 기도드리는군요

나는 정맥을 따라 세상 속으로 가는데
그대는 정맥을 거슬러
대간을 타고 더 깊은 산속을
꿈꾸고 있군요

수철령 넘지 못하고

뒤돌아 나오는 길
속리산 능선 끝자락
세속과 속리 사이
묘봉이 우뚝 솟아 있습니다

줄넘기

오하나

턱 턱 자꾸 걸려
꺾기도 쌩쌩이도
발에 자꾸 걸려
몇 번이고 뛰어보는
엄마

옛날같이 넘어보려고
줄넘기 돌릴 때마다
조그만 몸이 더 조그매져서
내가 모르는 어떤 여자애

식구들은 말티재 넘어 서울로 떠나고
혼자만 할머니 집에 남겨진 여자애

동무도 다 가고
할머니가 불러도
뛰고 또 뛰는 여자애

결혼하고 아이 낳고도
속리산 근처에는 가지 않을

내가 부르면 금방
숨어버릴 것 같아서
못 부르겠는

연리지
− 나무에게도 이별은 아픔으로 온다

김일영

서로가 만나지 않았을 때엔
작은 바람에도 쉽게 흔들렸다
서로에게 기대어 결이 통하게 된 후
더는 울지 않았다

속리산 천왕봉 오르는 길
두 나무라 부를 수 없는 한 나무
굴참나무 사랑이 눈부시다
두 나무라 떼어놓을라 치면
생살이 잘려 나가는 고통을 참아야 한다

나무에게도 이별은 아픔으로 온다

한남정맥

보구곶

손필영

칠장산에서 문수산까지
나는 숨길로 오지 않고 산길로 왔다.
마루금 밟고 나뭇가지에 숨소리도 걸어보지만
대간을 타고 목숨을 걸지도 않았고
정맥을 타고 사람을 품지도 못했다.

강 건너 황해도 월암을 보면서 내 밑바닥부터
몰아왔던 길을 내려놓기 위해 보구곶을 찾았다.

보구곶은 갈 수 없고, 철조망.
수숫대에 걸린 농로는
철책을 따라 평행선.

어느새 바다를 사이에 두고
노을이 들어왔다 나가고
남북 초소에 어둠이 들어온다.

이 땅에 산다는 것은 무엇인가,
마침내 나는 나에게 쫓기기 시작했다.

산책

오하나

굽이굽이 넘어와
바닷속으로 스미는 문수산 능선
짙푸른 초록 사이
은빛을 두르고 흐르는 염하강

휘휘 구름 쫓아
능선 따라 바다로 갔더니
콱 가로막는 철조망
감시 초소, 실탄 든 탄창, K-2 소총

나도 모르게 바짝 다가서서
능선도 바다도 구름도 아닌
보이지 않는 것만
숨 죽이고 바라보는
일요일 오후
분단국의 산책

문수산 역암*

김일영

초가을 문수산 산행은 여치가 선등이다
여치 놓치고 발길에 채이는 역암 하나 집어 들어보면
잘 차려진 밥상 하나 내게로 와 나는
그 상에 허천든 듯
돌에 돌들이 박힌 역암길 안에 든다

가끔씩 들리던 매미 소리가
배고픔의 주문처럼 현란하게 들릴 때
나무들이 비켜서고 햇볕에 노출되어
조금씩 내몰린 역암은 어느덧
빙하기에 가 닿는다
각자의 모습으로 분해된 역암은 빙하를 닮았다

빙하기의 푸른 절망으로부터 빠져나온
새파란 역암 하나가 내 가슴을 두드린다
시간의 힘줄을 타고 언젠가
본래의 이름으로 불리울 역암

산행 내내 손에 들고 있던 역암 하나 내려놓고

문수산을 빠져나오면서 잊었던

내 이름을 불러본다

*   자갈이 주 구성물이며 그 사이를 모래, 진흙, 탄산칼슘 등의 교결 물질이 메운 퇴적암.

다시 정맥으로
−문수산 1

이성일

칠장산을 다녀온 뒤로는
산을 타지 못했다

삼정맥 분기점이,
이러지도 못하고
저러지도 못하던 내 삶의
한 끝인가 싶었다

창이 없다는 것도 모르고
한숨으로 드나들던
바람 별 구름 하늘을
불안과 자책으로 먹칠하며
알람과 마감뉴스로
하루하루를 되풀이했다

모질게 살자고
독하게 살아야

지폐처럼 반듯한
집 한 칸 세 들어
모여 살 수 있을 거라고
다짐했다

시작도 끝이 없고
끝도 끝이 없어
끝나지 않을 것만
같았던 날들

끝을 보겠다고,
있지도 않은 시작과 끝의
한 끝을 보겠다고
다시 정맥을 타기로 했다

한남정맥

다시, 살고싶다
  -문수산 2

이성일

휴양림 입구에 내려
주차장을 벗어나자
안 보이던 꽃들이
시선을 타고 온다

꽃 이름 기억 안나
꽃 핀 자리마다
기웃거리다, 불현듯
꽃 이름 대신
꽃을 보고 서로를 향해
환하게 웃던 이들이
은영 유정 혜경 같은 이름들이
물옥잠 달개비 익모초로 피어 있다

향기 나는 나무라고
노간주나무를 가리키는
누군가의 손끝에서

향기 대신 땀 냄새가,
잎새와 가지를 번갈아 보며
땀에 젖은 등줄기에 소금꽃 틔우던
석재 석철 재형의 땀 냄새가 향긋하다

그들은 어디서 무엇을 하고 있을까?
무엇을 하던 산을 향해 있겠지?

역암으로 뭉쳐 있다
바위에서 빠져나온 몽돌들이
산비탈을 구른다

구르는 돌 피하려다
비틀거리는 나를
나무 꽃 돌덩어리가
휘감아 세운다

비바람에 쓸려
여기저기 채이다가
고향에서 멀어진
몽돌에도
향기가 스며든다

넘은 산, 흘러오네요
― 문수산 3

이성일

칠장산에서 흘러온 한남정맥은
문수산 보구곶에서 끝이 납니다

문수산 위에서는
한강과 예성강이
황해로 돌고 돌아
파란 하늘 더 파란데

개풍군과 김포 들녘에서
익어가는 벼는
철책을 끼고 돌며
샛노랗게 질려가네요

망원렌즈로 줄여놓은
예창리 들판에서는
가을걷이로 뻐근해진
허기를 펴다가

하늘이 노래지는
그대들이 보이네요

병인양요와 강화조약
연평해전과 포격 사건이
시작도 끝도 없이
반복되는 동안에도

이쪽과 저쪽에서
그저 그렇게 그대와 내가
아무일 없었던 것처럼
마주 보는 하늘에서
넘은 산이 흘러오네요

바닷물 속에서도
두 개의 강줄기로 흐를 것 같던
대간과 정맥이 수평을 그리며

돌고 도네요, 노란 하늘
더 노랗게 부풀려
지상의 양 끝을 더 크고
둥글게 채우려는 듯

시작과 끝에서 멀어질수록
산은 더 가까이 흘러오나요?

북쪽으로 흘러가던 산줄기의 끝을
해병대가 막고 있어도
한남정맥은 끝을 보이는군요

중심성을 쌓으라

장윤서

몇천 년 춤추던 강을
기다란 수관水棺에 처넣은 듯한 아라뱃길
뿌연 안개 속에서도 거대하다

저 아라뱃길 타고
슬금슬금 들어와 골프장을 만들겠다며
계양산을 밀어버리려는 이들
안개 때문인가
아라뱃길 이양선들이 잘 보이지 않는다

외세의 침략에 맞서
민중의 마음을 모아 성을 쌓았다는
계양산 중심성衆心城
상대만 바뀌었을 뿐
침략은 아직도 끝나지 않았는데

정맥 깊게 잘린 중심성 자리로

빠르게 내달리고만 있는 육 차선 도로

막 시작된 단풍
보이지 않는 성곽 돌을 찾으러
여기저기 물을 들이고 있다

계양산

손필영

계양산은 산길로 오르지 않고 나무 계단으로 오른다
무덤 이장 공고문을 읽으면서
무너진 성벽 위로 이어진 길

사방
안개, 우뚝 선 아라뱃길
가을빛 어른거리는 김포평야

팥배나무 열매 요동치는 사이
계양산을 주머니에 넣고 내려온다
책상 위에 올려놓고
노을 속으로 살짝 밀어본다
계수나무 옆에 계양산이 서 있다

끝나지 않은 기도
-하우현성당*

오하나

야트막한 산 초입에
작은 성당 하나

그 옛날 숨어 살던 사람들이
여기 성당에 와
눈 감고 손을 모았다
조심히 간절히 꿈을 꾸었다

지금은 큰 도로 나고
음식점도 생기고
사람들 떠났지만
성당은 그 자리에

박해도 피난도 끝났지만
여전히 성당에 와
무릎 꿇고 앉는 그대
눈 감고 손을 모은다

깊고 깊은 산속에

고함치는 그대 침묵과

조용한 성당 하나

* 하우현성당은 청계산과 광교산이 만나는 곳에 있다. 조선 시대 천주교 신자들이 박해를 피해 하우현에 모여 교우촌을 이루고 성당을 지었다고 한다.

날개 밑에서

이승규

큰길 넘고 동네 뒷산 지나
아파트 옥상에서 이어지는 바위 능선
허공 짚고 주춤주춤 나아가다
골프 연습장 그물에 걸려 허우적댄다
가슴팍에 외곽순환도로 터널이 뚫렸나
오를수록 가라앉는 산자락

울긋불긋 등산객에 섞여
불야성의 거리로 빨려들기 전
봉우리가 지워진다 산길이 흩어진다
높다란 어둠 속에
절간과 기도원과 모텔
나흘 전 실종된 여자애를 품은 산

두 날개를 벌리고
우글대는 불빛 쏘아본다

혜산의 퀀셋 작업실 1

신대철

금광저수지 느티나무 옆을 지나
담장 사이로 구불구불 들어가면
맨 끝 집이 혜산 선생님 작업실.

내 기억 속에는 오흥리
동네 이름보다
돌, 물, 감나무, 왕퉁이, 원두막이 있는 곳.

이십여 년 전인가, 산기슭에 퀀셋* 하나 덜렁 놓여 있을 때 물길을 대려고 혜산 선생님과 뒷산에 올랐다. 골 파고 보 쌓을 때마다 저 새, 저 나무 좀 봐, 저 뿌리는 다치지 않았겠지, 저 생명붙이들과 물을 나눠 써야 하는데 미안하네, 미안하네 하시었다.

혜산 선생님은 한 달에 한두 번 작업실에 내려오셨다. 남한강 돌밭에서 탐석한 수석과 다시 한번 강렬히 만나고 시 쓰고 한가해지면 고목 뿌리로 조각상도 만들고 산속에서 막 올라온

속봉우리 같은 서운산을 바라보며 명상에 잠기셨다.

나직한 음성, 따스한 눈빛

일상으로 돌아온 혜산 선생님은
갓 지은 원두막 송진 냄새에
웽웽거리는 왕퉁이 떼를
뻑뻑꾸욱 뻑뻑꾸욱
허리 굽혀 손뼉 치면서
들소년이 되어 왕퉁이 떼 몰고
사갑들로 고장치기**로 돌아다니다가
햇빛과 바람과 별에 흠뻑 젖어
신촌 언덕 집으로 올라오셨다.
그날 저녁엔 언덕이 까마득히 올라가 있었다.

* 야진 천막.
** 혜산 선생님은 봉남동 360번지에서 태어나 샛말, 가터, 양협, 평촌(벌말, 고장치기) 등 사갑들 일대를 18세까지 옮겨 다니셨다.

혜산의 퀀셋 작업실 2

신대철

원두막 사라지고
퀀셋도 사라지고
단아한 집 하나,
뜰에는 강돌이 모여 있다.
강줄기 휘어 감은 돌 사이
물살 굽이치는 포탄리 미석 앞에서
나는 주춤거린다.

바람이 분다, 땡볕이 쏟아진다

 그날* 우리는 나란히 시외버스에 앉고 나룻배를 타고, 물과 바람과 해를 끼고 나란히 강둑을 걸었다. 포탄리 돌밭에 이를 때까지 묵묵히 걸었다. 강기슭에 이르자 선생님은 맑은 물속을 더듬어 오석 몇 개를 끌어내셨다. 오석은 물빛이 마르면서 질감이 드러나고 리듬이 살아났다. 흙, 불, 바람, 돌 안에서 뭉쳐 나오는 빛이 면마다 꿈틀거렸다. 수억 년 동안 돌덩어리들 부딪치고 쪼개지고 구르면서 약한 힘은 떨어지고 강한 힘만 남은 먹빛, 물과 모래와 돌밭과 인간을 압도하는 먹빛, 그 빛으로 선생님은 그림을 그리고 난을 치고 피리를 불고 인류의 구원과 민족의 자유를 위해 신앙시를 쓰셨다. 가만히 그 빛을 끌어안고 손으로 어루만지면 손 끝으로 뜨거운 기운이 들어왔다. 인간을 인간이게 하는 인간적인 것 일체가 하나씩 분해되어 대기로 돌아갔다.

  선생님은 돌들을 돌려 돌 하나하나에 형상을 주고 감추고, 제힘으로 온전히 서는 돌에 표시를 하고, 혼자 한없이 내려가셨다가 물줄기를 거슬러 오셨다. 나도 선생님 반대편으로 올라갔다가 송장헤엄 치며 물소리에 취해 내려왔다. 어둠이 아래에서 올라오고 위에서 내려와 함께 만나는 지점은 어둑어둑해지고 있었다. 은은히 떠오르는 공제선 위에 생명을 받은 돌들이 선생님의 뒷모습을 비치고 있었다.

  그날 선생님은 빈손으로 돌아오셨지만
  뜰에는 어둠에 묻히는 강돌과
  선생님의 어둑한 뒷모습이

돌 사이사이를 흐르다
미석에 스며든다.

나는 가만히 미석에 손을 대본다.
가슴속으로 먹물빛 번지면서
뭉쳐진 힘이 꿈틀거린다.

* 혜산 선생님이 신군부 정권하에서는 어떤 일도 하지 않겠다고 예술원 회원을 거절하신 날. 혜산 선생님은 그로부터 10년이 지난 뒤 예술원 회원(1996년)이 되셨다. 그리고 2년 후 영면하셨다.

열원烈院을 지나며

이승규

번개가 친다
느티나무가 술렁인다

아버지가 떨어져 팔이 부러졌다는 나무
의병 이백 명 밥을 해준 종갓집
순사들이 몰려와 불 지르자
증조할머니가 뛰쳐나와 갓난아길 싸서 넣었다는
속이 텅 빈 느티나무

너러니 지나 녹박재 넘자
구름이 더디 흘러간다
할머니 친정집이 있던 곳
유학 다녀온 다정한 오빠들 때문에
빨갱이 집안으로 몰렸다는 마을

어린 아버지가 잠결에 마당 나섰을 때
외양간 어둠에 숨어 있던 외삼촌이

울음 깨물고 나와 조카 양볼 품어주고
인민군이 한 줄로 걸어 올라 퇴각한
그 길 따랐다는 정맥 산줄기

바람이 잠잠해져도
빈 나뭇가지가 번쩍거린다

살고 싶다
— 칠장산 삼정맥 분기점*에서

이성일

칠장사 명부전에는
혜소국사**와 일곱 명의 산적이
서로를 향해 환하게 웃고 있는
벽화가 있다, 그 웃음 흘깃 보다가
꺽정불***의 미소도 궁금해
홍제관 문틈을 기웃거리다
불상에 입힌 금빛에만 눈이 가
능선으로 발길을 돌린다

산죽 길이 시작되고
그 꽃이 그 꽃 같은 나무와
무엇에 쫓긴 듯 찍혀 있는
산짐승 발자국에
명부전 벽화의 풍경이 바뀐다

병원비가 없어서 비상구 계단을
탈출구 계단처럼 오르내리던

그가 불쑥 다가온다, 말없이
창밖만 내려다보던 그가
"죽음이 저기 있네요" 말을 건넨다
더는 갈 곳이 없다는 듯이,
"빙긋 웃네요" 하고 웃는다

그가 떠나고, 그 웃음
시커멓게 울리던 계단에서
한 계단 더 디디다가
삼정맥 분기점에 이른다
속리산에서 여기까지
홀린 듯 헤매며 넘은 산들이
한 점에 모여 있다

산이 뭐라고,
북한산 골짜기에
산적처럼 붙박힌 듯 살면서

여기까지 흘러온 걸까?

짐승처럼 살아도
인간답게 사는 세상을
꿈꿨던 이들처럼
마주 보고 그 웃음
환하게 돌려주려고?

살아야 인간에게서 부처도 보고
짐승도 보는 거라고 말해주려고?

모든 산들이, 앞산
절벽에 매달려 있는
구기동 벼락바위에
그 웃음 미소 한 줄기
새겨놓지 못하면서?

*　　속리산 천왕봉에서 흘러내린 한남금북정맥이 칠장산 능선에서 한남정맥과 금북정맥으로 갈라지는 지점.

**　　고려 시대의 승려. 일곱 명의 산적을 현인으로 교화했다 하여 산과 절 이름이 아미산 칠장사에서 칠현산 칠장사로 바뀌었다고 한다. 칠장사 나한전에 봉인된 7인의 나한이 당시 교화된 산적들이다.

***　임꺽정이 1540년경에 스승 갖바치 스님(병해대사)을 위해 만든 목불. 갖바치 스님의 교화로 임꺽정은 의적이 되었다고 한다.

한북정맥

노적봉을 향하여

이승규

멀리서도 눈부시게 하얀 밥

임진왜란 때
북한산에 갇힌 굶주린 병사들 위해
포위망 뚫고 날라준 밥할머니의 주먹밥

봉우리에 볏짚 씌워 군량미로 속이고는
냇물에 석횟물 흘려내려 왜군들 배탈 나게 하고
어느덧 석상이 되어버린 고양의 밥할머니

온갖 병 고쳐주는 약사여래의 자태로
마을 사람들 시름과 아픔, 달래주었을까

물러갔던 왜군들 훗날 다시 와 석상 부수고
전쟁 통에 뒹굴던 몸뚱이 누구도 돌보지 않는 사이
밥할머니 얼굴조차 사라져버렸다
광배 없이 뙤약볕에 달아오른 돌이 되었다

창릉천 가 한적한 밥할머니 공원에
비문 없는 커다란 비석처럼 서서
왼손은 받치고 오른손은 세운 밥할머니
병이라면 누구든 낫게 해주려고
밥이 곧 약이 아니겠냐며
미소 지으려는 자리엔 허공

허공 떠받치며
뒤에서만 하얗게 빛나는
쌀가마니 봉우리

우이령을 걸으며

손필영

같이 간 친구는 엽전 하나를 줍는다
'상평통보'
원산으로 넘어가던 보부상이 흘렸나?
우리 집 앞 동소문을 나와 삼양동 빨래골을
지나 고개 넘어 양주, 연천으로 가려던 선비가 흘렸나?
물과 바람만 지나갔다고 노란 제비꽃 양지에서 흔들거린다

오봉 이고 있는 도봉산 자락이 스친다
유격훈련장 자리 잡은 대로
도봉산도 삼각산도
서쪽에서 동쪽도, 동쪽에서 서쪽도
막힌 채로
북쪽에서 남쪽도, 남쪽에서 북쪽도
막힌 채로
은방울꽃, 용담, 끈끈이주걱, 사방이 막힌 여름이 온다

가느다란 미소

손필영

삼각산 뒷자락
눈 위에 작은 돌부리에
발자국 남기고
모두들 어딜 가고 있었다

사격장 표시 위험지역 표시 지나
언덕을 오르다 내리다, 비봉 오르는 기슭
바위에 서 있는 마애불
가느다란 미소, 도드라진 볼에 스미는 마지막 햇빛
멀리 노을 속 마을이 환하다

마을에서 걸어온 맨 처음 남자
바위에 여자를 새겨놓고
그 옆에 서 있다 어디로 가고
내 앞서 가던 남자도
바위에 여자를 새겨놓고
그 옆에 서 있다 어디로 가고

나와 함께 온 사람은?
내 옆에 서 있다 바위 밑을 스쳐 가고

얼어버린 계곡, 붉은 소나무
문을 열고 나오면 눈 덮인 세상
모두 어디로 가고 있다
산은 더 높이 오르고, 더 멀리 흐르고

유성이 온다

장윤서

페르세우스 유성우가 마구 떨어진답니다.
이번에도 몇십 년 만에 최고?
펄펄 끓는 한여름 밤, 두 중년
유성우 보러 컴컴한 북한산 하루재를 오릅니다.

밤하늘을 이렇게 입 벌리고 보던 때가 언제였는지
저기 잠깐 스쳐간 듯한 유성처럼
청춘은 언제 스쳐갔는지 가물거려도
허허, 신비롭네 여전히 우주란 곳은.
삶에서 너무도 동떨어진 것은 신비로운 것?
맘하고도 멀리 있는 이 삐걱거리는 몸뚱이들도.

형, 주먹만 한 무지갯빛 유성 봤어요?
야야, 그녀 눈 속으로 한없이 떨어졌던 게, 유성이게 나게?
아이고, 은하수를 물수제비 튀듯이 건너갔다니까요.
에헤이, 유성 탄 내 맡아본 적 있어?
정말이야, 우주 냄새가 밤새도록 진동했다구.

허풍 섞인 유성 이야기를 수놓던 밤
우리는 더 이상 신비롭지 않은 일상이
철렁철렁 떨어지는 지구로 다시 돌아와
무수히 많은 침묵을 얘기합니다.

화려하게 쏟아진다던 유성
숨 꾹 참고 반달 뒤 조용히 모여 있는지
숨은벽으로 몰려가 꼬리까지 숨겼는지
소박한 소원도 숨어버렸는지
둘러보지 않아도 환하게 달려올 순 없는지

애들아, 형수님
저기 유성 하나 제대로 보지 못한 사람 하나
조심조심 삐걱삐걱 내려가고 있습니다.
숨지 않고 환하게 집으로 가고 있습니다.
멀어지지 않으려고 항상 달리고 있답니다.

빛이 나진 않지만
여기저기 이 빛 저 빛 가득하다는 당신들의 유성

무뚝뚝하게 가고 있습니다.
일상을 헤치며 가고 있습니다.

꽃을 기다리는 동안

이승규

내가 따라왔던 길이 지워지기 시작하는 산 초입
볕 잘 드는 당집 터에 수풀이 무성하고
산으로 오르는 길목은 가시덩굴로 가려 있습니다

어깨 맞댄 북한산 연봉들 숨 막히게 솟아오르고
박새 소리 산 위에서 들려오는데
내가 선 언덕 오므린 꽃뭉치 매단 목련 한 그루
끙끙 몸살을 앓고

언덕 아래
귀를 연 사람들 분주하게 오가는 길거리에
먼지 옷 뒤집어쓴 개나리만 미리 피어
바람 따라 난리굿입니다

한 밤 자면 꽃이 온 산으로 번져 불탈지
불붙은 봉우리가 첨벙, 하늘로 뛰어들지
기웃대며 꽃을 기다리는 동안

어떻게 당연하게 꽃들은 오를까요

사람을 지나

산으로 산으로 가는 길을

마애여래 미소

최수현

볼에서 입술을 지나
천천히
쓰다듬으면
천년 시간의 자락이 만져질까

바위에 스민 미소

말하고 싶은 마음도
말하고 싶지 않은 마음도
스미어들고

번지는 미소

삼각산 초록이 무량하다

산벚나무 아래

최수현

저 두 사람 떠나고

달빛 바스락 소리 울려 온다면

누군가 혼자 돌아와

우두커니 서 있다면

산벚나무 그 아래
이다지도 환하게 비어 있겠네

겨울 도치

이성일

겨울 도치는 뼈가 없다.
제 몸의 뼈를 녹여 먹으며
겨울을 버티기 때문이다.

시간강사들에게도 그런 겨울이 있다. 대부분의 강사들은 이 년마다 한 학기씩 강제로 쉰다. 비정규직 근로자를 이 년 이상 채용하면 정규직으로 전환해야 하는 법조항을 대학이 악용하기 때문이다. 말이 한 학기지

가족의 생계를 책임진 가장에게
팔 개월은 지독한 계절이다.
명백한 근로기준법 위반이지만
배운 게 도둑질이라 때려칠 수도 없는,

겨울 도치는 바닥에 붙어 산다.
배꼽 같은 빨판으로 악착같이
바닥에 붙어 사는 것은

파랑을 헤쳐 나갈 뼈가 없기 때문이다. 도치처럼

한겨울 심퉁이*처럼 재활용센터에서 막노동을 할 때다. 먹물에 젖어 희멀건 몸이, 요령도 모르면서 비지땀만 흘리는 꼴이 가여웠는지, 노가다판에서 땀 흘리면 삼대가 망한다고, 작업반장 최 씨가 웃으며 거든다.

노가다판에서 땀 흘리면 삼대가 망한다고? 쉬엄쉬엄 하라는 말인 줄은 알지만 막노동에 서툰 몸과 심통뿐인 생각이 말귀를 닫는다.

작업반장 최 씨는 열네 살에 과수원 일꾼으로 머슴살이를 시작해 노가다판에서 잔뼈가 굵었다고 한다. 아내도 만나고 아이들도 키우면서 사는 듯싶게 사는가 싶었는데, 마음만 앞세우다 공사판에서 왼쪽 다리를 다치는 바람에 지금은 가족이 뿔뿔이 흩어져서 산다고 한다.

땀방울로 쏟아지던 숱한 이름들
먹물로 새긴 마르크스나 레닌, 푸코 같은 이름들이
재활용 파쇄기의 소음이며 먼지며
열기에 녹아 땟국물로 줄줄 흐를 때
최 씨의 말이 소금발로 몸에 밴다.

자본주의 사회에서 몸을 빼앗기면
꿈도 사랑도 뺏긴다는 말이다.

사방에서 훅, 짠내가 터진다.
파도처럼 달려드는 쓰레기더미에서
몸도 꿈도 빼앗기지 않으려고
도화선처럼, 타들어가는 뼈와
터질 듯 부풀어오른 근육으로
살맛 나는 세상을 뿜어 올리는 저
겨울 도치들

* 도치과의 바닷물고기. 암갈색의 타원형이며 원뿔 모양의 돌기로 싸여 있다.
생김새가 심통 맞다 하여 주문진에서는 심퉁이라고 부른다.

고래숨처럼

이성일

그녀가 운다, 뚜껑 없는 집에서*,
지상에서 반지하로
평지에서 골짜기로
쫓기듯 흔적 없이
내몰린 삶이 뚝
물처럼 뚝 뚝
떨어진다

떨어지는 물방울에
바닥이 출렁인다
모가 난 바닥
네 귀퉁이 둥글게
일렁인다, 물 위로
저 망망한 물덩어리 위로

죽을 힘을 다해 솟구치는
고래가 보인다, 물 위로

절망이 눅눅한 밑바닥 위로
고래숨이 하얗게 찍어놓은
발자국이 보인다

죽자고 살아도
죽지 못해 살아온
세월의 흔적처럼

하얗게 말라붙어
딱딱해진 가슴이
출렁거린다, 이사철마다

눅눅하게 눌어붙은
방바닥 네 귀퉁이 접으며
당신은 바다처럼
한없이 내려앉는다

* 1982년에 촬영한 항공사진에 찍힌 국공유지의 무허가 건축물. 토지소유권이 없는 건축물.

덩굴손
― 독박골 1

이성일

고지박 덩굴이
쓰러져가는 집을
붙들고 있다

자고 나면 매달리고
자고 나면 늘어지는
삶의 무게를 고지박이
감당하고 있는 걸까

축대 끝 담벼락 지나
달빛을 향해 뻗어가던 덩굴손이
비탈진 동네를 한 지붕으로
덮어가는 밤이면

삶이 악몽 같아
꿈꿀 수 없었던 날들이
고지박 속에서

부풀어 오른다

절집마을
― 독박골 2

이성일

불광사를 찾으려고
마당과 지붕 사이를 오르내리다
인기척이 나거든 길을 묻지 마시고
가만 가만히 귀 기울여보세요

거기가 산문山門이고,
흐르지 못해 웅크리다 얼어붙은
북한산 골짜기의 물소리 새소리가
녹아내리는 곳이니까요

가만 가만히 귀 기울이다
안 보이던 길, 산으로
환하게 물빛을 드리우면
그 소리 어두운 골목골목에
되비추어보세요

불광佛光은 아니더라도,

맥놀이 쳐오는 물빛 너울로
삶의 그늘을 밀어내고 살아가는
당신 당신이 보일 거예요

봄은 빚쟁이들에게서 온다
– 탕춘대

이성일

오늘만 잘 살면 되는 건데
내일까지 살고 온 날은
잠이 오지 않는다

뒤척이지 않으려고
산에 오른다
봄기운이 계단을
산길로 바꾸어도
녹번동 벼락바위에
절벽처럼 붙어 있는
집들은 소란하다

이 동네의 봄은
빚쟁이들에게서
오기 때문이다

몇 마디 고성이 오고 가고

끝끝내 버리지 못했던
세간살이가 부서진 후
담배 연기가 담벼락에
창문을 그린다

사람들은 살기 위해
도시로 몰려오지만
도시는 사람들이 죽어가는 곳

평지에서 솟아오른 십자가의 불빛들이
서울을 거대한 묘지로 만든다
망자들의 적막을 깨고
누가 산길을 내려온다
웬 밤중에 등산이냐고 물으려다
집이 근처이냐고 묻는다
머뭇거리다 숨 한번 쉬더니
수색에서 왔다고 한다

수색에서 여기까지는
버스로도 사오십 분,
숨 한 번 더 크게 몰아쉬더니
낮에는 빚쟁이들 때문에
나올 수가 없다고 한다

그에게 산은
숨과 계절이 드나드는 계단일까?

그가 마시고 뱉는 숨이
가파를 때마다 봄이 오는 걸까?
꽃 피고 새 울어도
오지 않던 봄이 빚쟁이들과 함께?

만경대에서

조재형

적근산 눈꽃 피고 지고
자운봉 바위틈 달개비 피는 사이
산경표와 대동여지도 갈림길에서
우이능선을 탄다

영봉을 넘어 하루재
암능에 핀 아슬아슬한 꿩의다리꽃 지나
한 발 헛디디면 바위 벼랑 끝
만경대

굽이쳐 온 한북정맥
서럽도록 흰 바위 봉우리로 솟고
갈 길 벼랑으로 떨어진다

만경대 테라스에 앉아
내려갈 줄 모르고
백운봉, 인수봉을 바라본다

지는 해도
삼각산을 돌아 서해로 넘어가기 전
백운봉에 걸쳐 노을을 풀고 있다

고독의 길

조재형

내가 끝나는 곳에서
다시 인수봉에 오른다

크랙과 침니를 올라
바람의 길목에서 확보 마치고
문득 그대들을 생각한다

나는 인수봉을 거쳐 언제나
인간의 영역으로 돌아왔지만

신의 영역을 꿈꾸던 그대들은
초모랑마 여신의 품에서 살아나와
미소 지워지기 전
로체 샬 눈보라 속으로 사라졌다

눈발이 친다, 뺨에, 바위에
눈발이 친다, 눈에, 볼트에

정상에 가까워질수록 인수봉은

고독의 길로 꽉 차오른다

인수봉

조재형

너를 보면 나는 가슴이 저려오는데
다시는 오르지 않겠다고 하는데
너는 왜 그토록 눈부시게 빛나는 것이냐
너를 오르는 수많은 길
그 어느 길을 올라도
고독의 길인데
너는 환하게 웃고만 있는 것이냐

귀바위길 들어서 조심하라는
너를 외면하고 영길로
영길 크럭스에서 살짝 발을 받쳐주던
너를 피해 여명길로
여명길 마지막 피치에서 확보를 봐주던 너를
스쳐 우정길로 올라 정상에 서면
수많은 길을 거쳐 오른 산꾼들
환호하는 소리 사이
너의 이름 숨죽여 부른다

너의 이름 겹겹이 나를 에워싸고 있다

후등

장윤서

선등을 하고 싶다.
내 생명을 거머쥔
그대를 끊어버리고
죽음과 겁 없이 대면한 나를
절벽에 자유롭게 풀어놓고서.
안전벨트가 너무나 편안한 후등은
이제는 그만하고 싶다.

가진 게 없어
두려운 것도 없다.
후등은 부끄러운 게 아니며
언젠가는 선등을 해야만 한다는 것도
알고 있다,
알고는 있지만
이 모든 사실은
절벽을 대하는 순간마다
허무하게 추락해버린다.

자유보다는 그 알량한 쾌감을 맛보기 위해
선등을 하고 싶다는 생각을 할 때에도
내 위에는 항상
그대가 있었다.

나는 항상 두려웠던 것이다.
그대를 쫓아만 가는 내가
언제나 부끄러웠던 것이다.
앞서 가는 그대 때문이 아니라
나 때문이다
절벽이 더 높아지고
두려움과 부끄러움이 더 솟구치는 건
나 때문이다.
바로 나 때문이다.

인수봉 고독길

그대가 보이지 않는다.
고독은 선등에게만 오는 것인가.
그대의 무한 애정이
팽팽하게 전해져오는 로프.

나는 더 악착같이 매달려본다.
그대의 무한 애정을 애써 외면해보려고.
허무하게만 추락하고 있는
나를 끌어주려고.

백운대

이승규

같이 온 독일 남자도 구름에 걸터앉는다
절벽에서 인증사진 찍던 여대생도 앉는다
김밥, 샐러드 도시락 위로
펄럭 까마귀가 날개를 뒤집자

바위처럼 고요해지고
예전의 구름에서 누가 올라온다
땀 젖은 머리카락
두 볼이 발갛게 달아올라
웃음이 툭 터지는 얼굴

어, 어어
또르르 토마토가 구른다
흰 바위 따라 아득하게 굴러간다
구름 아래로 모두 사라진다

사패산 가재

장윤서

바위 밑으로 어서 숨어
괜찮아
영원히 비굴해져도 괜찮아
돌의 질감 따라
모래 빛깔 따라
계절마다 너를 바꿔가도
욕하지 않아
사패산 장딴지가
휑하게 뚫렸더라도
정상은 아직도
솟구치는 흰빛
사패산은 주저앉지 않을 거야
차가운 모랫바닥
눈치 보며 엎드려 다녀도
여름의 아이들에게
인간의 웃음을
알려줘야 해

살아만 줘
바위 밑을 견디는 건
너희밖에 없단 말이야
제대로 휘두르지도 못하는
집게발에 겁먹을 게
제발
살아만 줘

아름다운 아픔
– 불곡산에서

김일영

불곡산이 초입부터 하얗다
소멸의 아름다움이
눈 무게에 꺾인 소나무의 관절을 달랜다
흰 것뿐인데
마른 억새풀이 여기쯤 있었던가
다리보다 먼저 마음이 아파온다
"백화암 가는 길 맞아요?" 묻던 사람도
지워진 길 위에서 지워져간다
이정표마저 주저앉은 산중
세상의 모든 익숙한 것들에 대해
새로운 시작을 꿈꾸며
한발 한발 길을 낸다
테니스엘보를 앓고 있는 팔꿈치에
눈송이가 내린다

현등사 목탁 소리

박성훈

운악산 현등사
보광전 한쪽 기둥에 걸린
목탁은 울리지 않는다

해마다 오월이면
곤줄박이 찾아와 둥지를 튼다
윤회로도 씻을 수 없는
무슨 업보일까
목탁을 둥지 삼아 새끼를 친다

부처님 오신 날
백팔계단 오를 때 울리는
목탁 소리

청청하게 퍼지는
곤줄박이 울음소리.

들리지? 그 소리

최수현

한북정맥 청계산, 급경사 밑에서 잠시 밧줄을 놓는다. 숲이 우리를 서서히 에워싼다. 어둡고 축축하다. 정상은 어디쯤 있는지, 이상하게도 밧줄을 당길수록 바위들은 더 높이 올라가 짙은 녹색 이끼로 뒤덮인다. 부드러운 두께감이 손바닥 전체로 퍼진다. 그제서야 아주 오랫동안 손바닥이 있는 것도 모르고 산 것을 알게 된다.

첫 산행에서 바위를 탄
아이들은 바위에 엎드려 귀 기울인다.

'바위가 포근해. 그런데 무슨 소리가 들려.'
'나도 어릴 때 그 소리 들은 것 같아. 혼자 길을 걸을 때, 막 잠들려 할 때, 내가 돌아가곤 했던 숲속, 나무 집에서 사는 작은 몸 아이들이, 쿵, 이끼 낀 길로 뛰어내렸는데. 이제 생각나. 그 소릴까?'
'바위가 되울리는 숲속의 소리 같아. 내 심장 소리는 아니야.'

아이들은 숲을 깊이 들이마신다.
아이들을 거쳐온 숲 냄새가
내 온몸을 돌아 숲속에 울려 퍼진다.
나는 거제수나무 냄새
너는 자작나무 냄새

아이들은 정상에 올라 굽이쳐오는
백운산, 국망봉, 강씨봉
한북정맥 하늘금을 보며 속삭인다.
'들리지? 그 소리.'
'응, 쿵쿵, 정맥이 뛰는 소리야.'

바람에 불려 간 날

김일영

바람 부는 날
비는 아직 안 내리고
경사가 급한 구릉에 홀린 듯 오른 능선
국망봉을 지나와 나를 지나
개이빨산을 지나 남쪽으로 간다
능선길에는 바쁜 바람만이 오가고
나무들이 바람을 피해 키를 낮추는 동안
개화하는 동자꽃
바위 위 솔잎사초도 생명을 놓지 않는 여름 한낮
더 버릴 것 없이 속까지 버린 잠자리 떼
머리 위로 떠다니고
살기 위한 마을은 골짜기 아래로 내려앉는다
능선길에 지팡이 내려놓고
잠자리처럼 한껏 가벼워진
나도 그만
살기 위해 바람에 불려 간다

태풍에 쓰러져도
-망국산 잔해목

이성일

십 호 태풍 우쿵이 지나가는지
망국산 등허리가 곧추선다.

고구려의 부흥을 꿈꾸었던 궁예가
강씨봉*과 철원을 사이에 두고
넋을 놓은 채 바라보고 있었던 건
무엇일까? 생각하는데

설익은 가래며 생나무 가지들이
툭, 정수리를 때린다

한여름 땡볕 같은 삶 속에서
나는 무엇을 바라보고 있는가?

분단과 동북공정으로
갈라지고 뒤틀린 궁예의 꿈?

철원에서 평강으로
고원에서 광야로 휘몰아치던
그 꿈이 바람을 타고
몸속으로 들어와
내 영혼에 이명을 울린다

그 바람, 태풍처럼 나를 덮치자
하얗게 젖은 옷자락 안에서
무언가 휘청거린다, 그 바람

끝끝내 놓지 않고
뿌리째 뽑혀도
뽑힌 채, 살아 있는

* 『삼국사기』에는 궁예가 비법(非法)을 행하는 것이 많아 부인 강씨가 이를 간(諫)하다 자신의 두 아들과 함께 죽임을 당했다고 기록되어 있지만 강씨봉 자락에 있는 마을로 유배되었다는 설도 있다. 왕건에게 패한 궁예가 잘못을 뉘우치고 부인을 찾았으나 부인은 이미 세상을 떠난 뒤였고, 회한에 잠긴 궁예는 인근산(망국산)에 올라 망연자실 도성 철원을 바라보았다고 전해진다.

국망봉 가는 길

이승규

소란할수록
고요하다

먼 태풍에 밀려와
나무에 돌에 부딪치는
바람 소리

소총 메고 진지 찾아 헤매던 산줄기를
한북정맥으로 고쳐 이어보려고
뒤엉킨 수풀 따라 들어선
국망봉 능선길

지친 걸음 멈추고
금강초롱에 눈 맞아 환해진 사람들
나무 밑 돌 옆에 움터
휘몰아치는 바람에
가만히 젖어든다

수풀 열리며 갈 길이 트인다

춤을 춥시다

장윤서

궁예도 땀 꽤나 흘렸을 거야
잘나갔을 적 몸인 줄만 알았다가
수풀에서 엄마야 뒹굴어도 봤겠지

산을 들썩이는 바람에도 몸을 버티고 버티다
국망봉 정상에 올랐는데
지평선까지 달려간 철원평야 보고는
송두리째 정신을 날려버렸네
산 아래 소란스럽던 나를 내동댕이치니까
웃통 벗고 춤을 추던 내가 있었어

궁예도 그날* 웃통을 벗었을까
혼자만의 백제를
폭군을
우스꽝스러운 생불生佛을 깨고
강씨봉 힐끗힐끗 쳐다보면서
부인 강씨야! 내가 잘못했다!

못난 남편도 훌훌 던져버리고
힘들다 투덜대는 부하 몰래
왕관 쓴 궁예, 자신도 모르게
휘적휘적 춤을 췄을까

이곳은 국망봉
소란스럽던 나도 없는
나라 잃은 폭군도
부인 잃은 생불도
벌거벗은 자신을 만날 수 있는

이 바람은 이 바람은
끝나지 않을 장단이 되네요

춤추고 싶습니다
춤추고 싶습니다

* 폭정을 간언하던 강씨 부인을 궁예는 국망봉 일대로 귀양을 보냈다. 그 후 왕건에게 패한 궁예가 강씨 부인을 찾아 왔으나 부인은 이미 세상을 떠난 후였고, 국망봉 정상에 올라 회한에 잠겼다는 일화가 있다.

국망봉에서 2*
— 한북정맥을 타고

신대철

북쪽으로 갈수록 인가 끊어지고
등 푸르러지는 한북정맥 산줄기들

잡목숲이 흔들린다. 가래나무 열매들이 툭, 툭 떨어진다. 소리는 앞에서 나는데 고라니도 일행들도 뒤를 돌아본다. 일행 사이 벌어지자 길이 갈라진다. 몸은 화악산 철조망에서 조금씩 국망봉** 쪽으로 기울어간다. 기억을 안고 오를수록 점점 무거워지는 산, 잡목숲을 빠져나오는 순간 허공 속에 캐러멜고갯길***이 온몸을 휘감는다.

'캐러멜고개 하나 넘었는데
여긴 이상한 냉기가 흐르네요'

3사관학교 1기생 차 소위
디블백을 들쳐 메고 사단
향나무 아래에서 땀을 흘리던 차 소위

밤새 쏟아지는 별똥별 수통에 채웠다면서
반짝이는 별빛 한 모금 마시고는 느닷없이
제 머리에 찬물 쏟아붓던 차 소위
덕고개**** 넘고 오면
고향도 꿈도 가까워지느냐,
저는 이제 첫발을 놓았는데 하던 차 소위

그날
함께 덕고개 넘자고 했는데
소대 야간 교육이 있다고 했던가?
각개전투 교장에서 수류탄 투척 훈련 중
병사가 놓친 수류탄을
몸으로 덮어 소대원들 생명을 구하고 산화한 차 소위*****

발길 잠시 멍멍해진다.
가래나무 열매들 숨죽이며 떨어지고
적근산에서 삼각산으로 아득히

한북정맥 산줄기들 굽이쳐 간다.

속 깊이 소리칠 때마다

외마디 소리 울려온다.

(차 소위인가, 아닌가, 순찰 중에 가족 편지 읽다 기합받던,

그 다음다음 날 오발 사고로 죽은 신병인가, 아닌가)

* 『실천문학』 2008 여름.
** 궁예가 왕위에서 쫓겨난 뒤 변장하고 도망 다니다가 국망봉에 올라 철원 도읍을 바라보았다 해서 붙여진 이름. 1168.1미터. 국망봉에선 한북정맥이 한 줄기로 보인다. 산경표에는 한북정맥이 장명산에서 끝나는 것으로 되어 있지만 빗방울화석 시인들은 장명산 대신 삼각산과 백악산을 선택했다.
*** 이동에서 사창리로 넘어가는 광덕고개의 별칭. 미군들은 광덕고개가 낙타등 같다 하여 카멜고개라 불렀고 운전병들은 캐러멜을 먹어야 졸지 않고 넘을 수 있다 하여 캐러멜고개라 불렀다.
**** 용담리와 사창리 사이에 있는 고개 이름. 덕고개 밑 용담리에는 박경리의 『토지』. 정호승의 「참회」 등 철판에 문자를 새긴 임옥상의 설치미술 작품이 있다. 임옥상은 문자가 허공에 스스로의 힘으로 서 있는 것처럼 믿음의 기둥처럼 작품을 만들었다고 한다.
***** 차성도 소위는 육군3사관학교 1기로 임관하여 제27사단 78연대 1대대 2중대 2소대장으로 근무하던 중 1970년 5월 13일 21시 53분 부대 야간 각개전투 훈련장에서 병사가 놓친 수류탄을 몸으로 덮어 소대원들 생명을 구하고 산화했다. 당시 제2의 강재구라 했다. 후에 중위로 추서되었다.

산에서 산을 찾고 있네

조재형

밤새 내린 눈은 상고대로 맺히고
아직 떠도는 눈발
대성산 전적비를 스쳐 날리네
삼백예순 날 눈만 내리면
상처뿐인 전적비를 덮을 수 있을까
전적비를 뒤로하고 대성산을 뒤로하고
복주산을 오르네

오르는 능선마다
눈 덮인 산병호, 무개호
봉우리에 올라서면 벙커
벙커에도 온기가 있다면
언 몸 녹이고 잠시 쉬었다 가련만
눈보라가 먼저 휘몰아쳐 들어가네

눈보라에 쫓겨 오른 복주산
정상 표지석은 깨진 채로

'복주' 자만 남아 있네
산을 잃은 듯
산을 찾고 있네

온 길 뒤집어 가면
산을 만날 수 있을까
발자국 지우고 눈발 멎었네

복주산 이름 없는 봉우리 사이로
하얀 능선 굽이치네
저 능선 따라 추가령에
닿을 수만 있다면
산을 찾을 수 있겠네

생창리

김일영

검문소에서 신분증을 제시하고 들어선 생창리
아이들의 뛰노는 소리가 들린다
소리 하나 따라가 보면 교회가 생겨나고
우르르 몰려가는 소리에 골목길이 열린다

고향을 찾아 고향 가까이로 왔지만 몸은 윗마을
고향에 이르지 못하고
아랫마을 생창리에서 반세기를 사신다는 박 씨 할아버지
뒷동산 너머 윗마을에 주었던 은근한 눈길은
세월을 이기지 못하고 이제 땅이 더 익숙하시다고,
고향이 윗마을인 건너건너 집 한 어르신은
재작년에 돌아가셨다고 구멍가게 아주머니는 덧붙인다

윗마을에서 왔을지도 모를
새끼 멧돼지가 아이들을 따라다닌다

엷은 안개가 걷히고

햇살이 생창리를 비추면
마을은 남쪽을 향해 있고
생각은 북쪽을 향해 있다

돌려받은 이 땅의 반쪽 신분증
군인 어깨에 걸려 있는 총보다 무겁다

먼 산 바라보려거든

이성일

한북정맥을 이어보려고
적근산으로 향한다
군부대가 길을 막자
산에서 산으로
이어진 산경표의
길이 흩어진다

흩어지는 길을 따라
생창리로 달리다
생창상회 옆 공터에서
트램펄린 위에서
샘물처럼 솟아오르는
아이들 본다, 그 웃음
그 맨발에 북녘 하늘이
첨벙거린다

지척에 둔 고향과 발목지뢰와

바코드가 새겨진 출입증을 보여주던
마을 주민의 시퍼런 낯빛도
어른거린다

유통기한이 지난
분단 조국의 생산품처럼
끓어오르다 삭는 분통
노랗게, 샛노랗게 터져
애기똥풀 무성한
지뢰밭에서

그 웃음 그 맨발에
끊어진 정맥에서
적근산 벽력암산이
맥박 뛰듯 솟아오른다

대성산을 내려오며

손필영

　남대천 물길은 어디에서 오는가, 마을 길을 찾다 오성산을 바라보다 피의 능선에서 숨이 멈춘다. 광삼평야를 얻으려고 피로써 능선을 덮어야만 했다고? 누구의 땅에서 누구를 위해 피를 흘리고 모두 사라져갔는가, 사라진 이들은 모두 물길을 따라갔는가.
　아리아리 가문비나무 새순 돌려나는 길을 따라 내려온다. 아이 업고 길 떠나는 아낙 같은, 등짐 지고 피란 가는 노인네 같은, 인자한 얼굴의 미륵불 같은 바위를 바라보며 능선을 내려온다. 이 길 이대로 따라가면 내가 온 곳, 백악산 밑에 초등학교를 품은 언덕으로 이어지겠지.

　핏줄처럼 흐르는 산길이 온몸을 감아든다.

타버린 길
― 적근산에서

손필영

이른 봄 적근산 앞에 서면 구름 따라 둥둥 피어나는 산능선들. 마른 가지에 달랑거리는 초록빛 벌레집들, 늙은 도마뱀 하나 꼬리 흔들고 사라진다. 대성산 저 귀퉁이산은 국망봉? 일행들은 망원경을 빌려 빙빙 둘러본다. 적근산 꼭대기에선 어디를 향해도 잘라진 능선, 갈라진 길, 며칠째 불타고 있는 비무장지대, 지나온 길 다 타버리고 새움 돋는다면?

아침리,
더 북쪽은 아아, 봄물 오르는 듯 푸른 아지랑이

금강산선
― 적근산에서

신대철

첫얼음 얼면
맨 먼저 불려 나오는 산,
이름만 들어도 춥고 아득해지는
한북정맥 최북단 적근산.

추가령에서 오는
구릉 같은 산들 오글오글 밀려오다
사람 하나 오락가락하는
아침리牙沈里 근처
나지막한 독나지 산등에서
녹슨 철책을 넘어오는 능선길.

평강 백암산은 보이지 않고
분계선 가까이 스치는
끊어진 철길과 습지,

아침리에서 금강산까지

아침 먹고 걸어서 한나절이면 간다는데
금강산선 복구되면 이번에는
아침리에서 금강산 시화전* 열고
마음대로 서성여도 되겠다.

고요히 잔설이 녹고 있는 비무장지대

비탈진 북방한계선에 기대어
초병들은 졸면서 남쪽을 바라보고
가물거리는 그 아지랑이 눈빛을 타고
능선길은 대성산을 넘는다.
어깨 위에 걸려 있던 발길들
한북정맥 끝자락으로 흐른다.

* 2004년 4월 3일부터 5일까지 구룡폭포와 만물상 앞에서 빗방울화석 동인들은 〈백두대간 금강산 시화전〉을 열었다.

산문

그림자 그림에 대하여

신대철

　자선 시 몇 편을 무심히 뽑아놓고 당황했다. 대부분 육이오와 군대 체험에 관련된 체험시들이었다. 내 몸속 어딘가에 숨어 있던 사내가 불쑥 나타나 시를 써놓고 홀연히 사라지던 그 옛날같이 시들이 낯설게 느껴졌다. 감성적으로 말하자면 내 '그림자 그림'을 내가 직접 확인하는 괴로운 상황에 처한 것이다. 키르케고르는 이 '그림자 그림'을 반성된 비애라고 한다. 그에 의하면 이 비애는 '결코 현재顯在하는 것이 아니라 언제나 생성의 도중에 있다'고 한다.
　이 반성된 비애는 외부가 없다. 있다 해도 하나의 눈짓에 불과하다. 그 눈짓까지도 지워버린다. 이 비애는 언제나 내부를 향해 있다가 안주할 만한 내밀한 곳을 발견하면 그곳에서 단조로운 운동을 시작한다. 그런데 비애 내부의 모든 계기의 조합은 늘 변하기 때문에 이 비애는 끊임없이 움직이게 된다.

 시를 다시 쓰는 동안 과거로부터 많이 벗어난 것으로 생각했는데 자선 대표 시가 대부분 육이오와 군대 체험에 관련된 것이라니! 나는 오랫동안 그 압력에서 자유롭지 못했던 것이다. 근본적으로는 그때나 지금이나 우리 민족이 처한 상황이 조금도 달라지지 않았기 때문이겠지만 이십삼 년간 초고 상태로 묻혀 있던 시들이 한꺼번에 쏟아져 나온 것과도 무관하진 않을 것이다. 아직도 많은 시가 초고 상태로 남아 있으나 이젠 묻어두고 싶다. 첫 시집 『무인도를 위하여』 이후 시집 두 권을 냈고 초고들 중 현재와 지속적 의미를 가질 수 있는 것들은 틈틈이 마무리하여 발표했다.

 최근 현장 시편들은 많이 달라진 것 같다.

  눈벼랑 밑에서 새소리 들린다. 토왕폭으로 가던 사람들도 새소리에 귀기울인다. 사람 사이로 새가 드나든다. 내려앉을 듯 사람 사이를 빠져나갔다가 손 가까이 내려앉는다. 사람이 모인다

 소곤소곤
 눈 위를 걸어가다
 빙긋 웃는 새,

모두들 일행처럼 둘러선다. 언 사람과 햇살과 생강나무와 상
처받은 사람과 찬바람 옆옆 봄사람이 번갈아 마주본다. 웃는
다. 새 날아가자 사람과 사물 사이 사라지고 온기 가시지 않은
그 자리에 둘레만 남는다. 빙긋 빙긋 웃는 모습 같은

—졸시, 「새」 전문.

이 시는 설악산 토왕폭에서 열리는 전국빙벽등반대회를 보러 가던 중 눈벼랑 밑에서 우연히 마주친 장면을 시로 써본 것이다. 서로 낯모르는 이들이 새를 둘러싸고 일행처럼 스스럼없는 사이가 되고 있었다. 한순간이었지만 온 길과 갈 길이 다른 사람들이 길을 버리고 잠시 눈발 속에 빙 둘러서 있던 모습이 황홀하게 다가왔다. 새와 사람들이 떠난 뒤에도 낯모르는 이들이 남긴 둘레는 눈발에 묻혀갈수록 미소 자국처럼 떠오르고 있었다.

그날 나는 빗방울화석 시인들과 동행하지 않았지만 새를 보는 동안 내내 빗방울화석 시인들을 생각했다. 그날 그들은 일연 스님이 체발 득도했다는 진전사지를 거쳐 토왕폭으로 오고 있었다. 시에 훈기가 느껴지는 것은 내 시선에 그들이 들어 있기 때문일 것이다.

그들과 함께 현장 체험을 하기 시작하면서 나도 모르는 사이 집단적 자아를 갖게 된 것일까? 이 시의 시적 화자는 현장

에 있던 나는 물론이고 가까이 오고 있는 그들도 포함되어 있는 것 같다. 이 시의 어조엔 우리들이 함께 지니고 있는 생에 대한 긍정적인 태도가 엿보인다. 이런 상황이 지속된다면 내가 쓴 시들을 내가 쓴 줄도 모르고 읽게 될지도 모른다. 생각만 해도 즐겁다. 잘 가거라 그림자 그림이여.

* 『시와사람』 2006. 겨울.

새

신대철

체르르르르르—

잡목들이 빽빽이 들어선 산속에서 새소리를 듣고 있으면 나무 사이가 좁혀졌다가 한없이 넓혀진다. 새만 보이다가 주위는 온통 소리로 비워진다. 그때 새소리에서 시각적인 푸른 향기가 나고 깊은 정적 사이로 시원의 침묵이 느껴진다. 그런데 그 향기와 침묵은 어디서 오는 것일까? 산으로 들어가는 사람들은 한결같이 그 향기와 침묵을 향해 간다고 했다. 그 향기와 침묵은 자기와 격리된 채 살아온 이들에겐 사람에 대한 방어기제 같은 것이었을까?

한때 산 사이에 들어와 살 수밖에 없었을 때 나는 그 향기와 침묵 대신 새소리에 취해 칠갑산 산속을 온통 헤맨 적이 있다. 으름나무 덩굴 사이에서 우연히 들은 새소리를 따라 합대나뭇골에서 밤안으로, 다시 꾀꼬리봉에서 산을 넘어 이름 없는 골짜기를 헤맸다. 가늘고 빠르게, 그리고 그 소리에 맞춰 사륵사륵 옮겨 앉는 날갯짓에 홀려 그날 나는 체력이 다 할 때까지 따라가 보았다. 기억 속에 묻어둔 얼굴들이 어른거렸다. 따라가면서 흩어져 있던 내가 어느새 결각 문양처럼 뭉쳐지고 있었다. 따뜻한 목소리와 여기저기 돌담 밑에서 하염없이 서성거린 기억들이 그리웠던 것일까?

 그날 내가 만난 새는 작은 멧새였지만 내겐 그 새가 여느 멧새처럼 여겨지지 않았다. 나는 새를 따라가면서 나와 새의 거리만큼 나와 가까워지기 시작했다. 앞에서 옆에서 나타나는 새는 소리만 같을 뿐 다른 새였지만 그때마다 다른 내가 나타났다. 눌러둔 내 모습이 한없이 풀려나왔다. 나는 탱자나무 앞에도 있었고 은행나무에도 올라가 있었고 들판에 누워도 있었고 친구들과 볏집에 앉아 세상을 꿈꾸기도 했다. 새를 통해서 나로부터 점점 멀어지면서 점점 가까워지는 체험이 일상이되면서 나는 합대나뭇골 생활을 있는 그대로 받아들였다. 흩어진 형제들도 하나둘 들어와 외부와 절연한 채 지냈지만 제가끔 소일거리를 찾았다. 설명하지 않아도 이미 세상과 경계가 된 바위 사이 삼거리, 그 물푸레나무, 그 느타리버섯, 이름 없는 그 골길 이야기를 하면 하루가 수월하게 지나갔다. 세상은 그렇게 있기도 했고 없기도 했다. 그때 이쪽과 저쪽을 연결해 주는 것은 새소리였다. 새는 골짜기를 타고 마을에서 올라오기도 했고 다른 산에서 다른 산으로 스쳐 가기도 했다

합대나뭇골에서 내려온 뒤에도 나는 새와 소리와 날개짓과 이름에 관심을 가졌다. 소리만 들어도 날개짓만 보아도 어느 정도 새 이름을 알 수 있을 정도가 되면서 산에 갈 때마다 새로 들리는 소리를 기억 속에 채집했다. 처음엔 녹음기를 사용하여 소리들을 담아오기도 했지만 움직임도 변화도 없이 반복되는 소리에 마비되는 것 같아 그만두었다. 바람 소리와 날개짓, 물소리와 나뭇잎 떨어지는 소리와 분리된 새 울음소리는 생명감이 느껴지지 않았다. 특히 울음소리가 탁한 새들은 새 울음소리 자체보다 그 울음소리가 환기시키는 분위기나 메시지가 더 강하게 다가와 새 울음소리를 생명의 소리로 들을 수가 없었다.

해질녘 추수가 끝난 들판에서 까마귀 울음소리를 들을 때에는 그 소리가 그 황량한 들판과 어울려 아름답고 황홀하게 들리지만 라디오 연속극에서 들리는 까마귀 울음소리는 언제나 불길하고 음산하게 들리는 것처럼 탁한 울음소리를 내는 새는 그 새의 존재보다는 그 울음소리가 주는 의미만 강조되어 생명의 소리로 들을 수가 없었다. 파랑새도 새를 보지 않고 단순히 그 울음소리만 듣게 된다면 까마귀 못지 않게 불길한 느낌이 들기 직전의 어떤 전조로 듣게 될 것이다. 꾀꼬리 울음소리

도 마찬가지이다. 사랑할 때 우는 소리가 아닌 단순한 울음소리는 무슨 작은 짐승의 울음소리같이 들리기도 한다. 새에 대한 관심은 자연과 떨어져 살면서 점점 멀어지게 되었지만 요즘에도 새소리를 듣게 되면 감각이 환해진다.

며칠 전 피재에 갔을 때의 일이다. 통리협곡 앞에서 꽃들은 온 정열을 다해 허공을 피우고 있었고, 고통스러운 기억들은 그 하나하나가 모여 다른 삶을 추구하라고 요구하고 있었다. 협곡 앞에서 더 이상 나아갈 수 없는 데까지 왔다는 절망적인 느낌이 대간 앞에서 막 삶이 시작되는 생명적인 느낌으로 바뀌는 순간, 물줄기보다 먼저 물소리가 끼쳐왔다. 보지 않아도 느껴지는 암반 밑에서 숨결 속으로 흐르던 물줄기, 그 물줄기를 따라 올라가면 낯익은 새 울음소리에 낯선 새 울음소리가 울려 끊어진 물줄기가 이어지곤 했다.

검룡소 밑에 이르자 물소리도 새소리도 자연스레 한줄기로 흘렀다. 숨결이 느껴질만큼 주위는 모든 움직임이 멎었다가 리듬을 타고 흘러가 버렸다. 그때 체르르르 하는 새 울음소리가 들렸다. 맑고 영롱하게 우는 새소리 속에 한 호흡 길게, 그것도 쳇소리를 내며 우는 새 울음소리는 그동안 내가 들어온 어떤 소리와도 구별되는 소리였다. 맑지도 탁하지도 않으면서 친근해지지도 않는 소리였다. 그 소리는 화강암이나 현무암, 역암 혹은 석회암을 스쳐오는 소리 같다고나 해야 될까? 완전히 광물질인, 완전히 새이길 거부하는 소리였다.

그날 나는 석회암 암반 밑에서 용솟음쳐 나오는 물소리를 제대로 들을 수 없었다. 내 기억 속에는 체르르르르 하고 우는 새소리 사이 사이에 감긴 맑은 리듬과 그 리듬에 낀 파릇파릇한 푸른 물이끼만 선명하게 떠오를 뿐이다. 그 리듬에 물이끼가 남아 있는 동안 그 새가 보고 싶다. 마침내 그 소리, 완전히 광물성인 그 소리를 갖게 된다면 내 깊은 곳에 감춰져 있는 울음을 눈물없이 소리로 다 풀어낼 수 있을 것을! 그러나 그 울음소리가 제 영역을 침입한 낯선 동물에 대한 경계음이었다면 대간이나 정맥 줄기에 기대어 있거나 기억 속에 한없이 깊이 들어가 밑바닥이 느껴질 때까지 반복하여 들을 수밖에 없을 것이다. 매몰시킨 기억 속에서 기어나와 마침내 다시 살려 한다면 대간과 정맥을 타기 전에 무엇이든 꿈꾸기 시작해야 될 것이다.

* 『한일가족』 1994. 6.

율리 김의 음유시를 들으며

신대철

시적 분위기에 휩싸이는 황홀한 첫 순간은 금시 사라진다. 시를 쓰기 시작하면 그 자리엔 문장을 거느린 낯선 말 몇 마디가 드나든다. 그 말은 나의 생관과 부딪치고 삶 가운데 가장 부정적인 요소를 밀어낸다. 시를 마무리할 때까지 나는 정신을 온전히 가눌 수가 없다. 그래서 언제나 내가 썼지만 내가 쓴 것 같지 않다. 나는 아직도 마무리한 순간만 기억하고 있을 뿐 시가 어떻게 태어나고 성숙하는지 모른다. 다만 나는 울림이나 향기를 가진 시의 첫 모습보다 모래와 얼음사막을 거쳐 온 시의 마지막 모습을 더 사랑한다.

이 글을 쓴 지 이십여 년이 흘렀다. 오랜 시간이 흘렀지만 나는 아직도 혼자서 체험으로 시를 쓰고 있다는 생각을 하지 못한다. 시도 우리의 옛 시인한테 물려받은 것이고 아름다운 이미지도 사물한테 물려받은 것이다. 시 한 편이 완성되려면 주위의 삶은 물론이고 보이지 않는 생생한 눈빛도 거들어주어야 한다. 아무리 감동을 주는 시라 하더라도 현장성이 약하면 시의 긴장과 생명력이 떨어진다. 시 속에 들어앉은 현장의 구조가 시의 골격을 지탱해주기 때문이다.

나의 시에 대한 태도는 별로 달라진 게 없다. 분단 상황이 지속되는 한 거기서 자유로울 수가 없고 체험과 현장을 벗어날 수가 없다. 그때와 달라진 것이 있다면 시가 태어나서 성장하는 과정을 끝까지 지켜본다는 점이다. 현장시를 즐겨 쓰다 보니 자연히 시의 현장을 자세히 들여다보게 된 것이다. 시의 현장을 들여다보면서 나는 내가 처한 상황을 구체적으로 알게 되었다.

비무장지대 생활을 쓸 무렵 나는 시를 쓸 때마다 숨어 있던 비유의 막을 찢고 나왔다. 그때마다 시의 실체를 가리는 수사적인 표현과 몽환적 요소가 줄어들고 마침내 상황에 억눌린 한 인간의 민낯이 드러나기 시작했다. 시작 활동을 중단했던 시기에 쓴 시들은 대부분 이 억눌린 한 인간에 대한 시들이었다. 그러나 이 시들은 햇빛을 보지 못하고 노트에 그대로 묻혀 있다. 시들이 너무 어두워 민족의 화해에 초점을 둔 『개마고원에서 온 친구에게』 시집에는 들어갈 자리가 없었다. 이 시들은 『무인도』 시절 「우리들의 땅」에서 잠시 내보였던 현장체험시의 속편이라고 할 수 있는데 나는 지금도 사물의 속성이나 구조가 잘 드러나는 이 현장성을 그대로 살려 쓰고 있다. 나도 모르게 끼어드는 주관적인 정서와 편견을 제어하고 그것을 감당하는 데에는 현장성보다 더 좋은 방법이 없기 때문이다. 아니면 표현할 때마다 기법을 이용하여 감정을 절제하고 하고 싶은 말을 대체하는 사물을 불러와야 할 것이다. 시에 있어서의 현장성의 강점은 시가 하나의 실상을 갖기 전까지 수시로 바뀌는 감정의 단위를 조절해줄 뿐만 아니라 무엇보다도 객관적인 사실을 사실 그대로 유지시켜준다는 점이다. 시를 쓰는 동안 시가 태어나고 성숙해가는 모습을 소상히 지켜볼 수 있다는 점도 강점 중의 하나가 될 것이다.

그러나 국가보안법이 맹위를 떨치고 있는 상황에서 현장시는 한계를 가질 수밖에 없다. 현장이 민감한 곳은 아무리 그 목적이 순수하다고 할지라도 위험을 감수해야 한다. 지난여름에도 나는 늘 하고 싶었던 일을 중도에 포기하고 말았다. 빗방울화석 동인들과 함께 백두산과 국경을 답사하고 두만강을 따라가면서 북한군과 접촉하고 싶었는데 뜻대로 되지 않았다. 선발대로 간 조선족 안내원은 북한군과 만나 물물거래를 주선하고 돌아왔으나, 국보법에 대한 압력을 받으면서도 그 약속을 이행하기 위해 만주벌을 달려온 빗방울화석 동인들은 중국 공안원에게 걸려 발길을 돌려야 했다. 물론 특별한 거래는 아니었다. 담배 한 보루와 산천어를 주고받는 것이었다. 인적이 없는 곳인데도 밀수와 탈북자 문제로 국경 지대의 공안원들은 초긴장 상태에 있었다. 두만강 근처에 어른거리기만 해도 체포하겠다고 으름장을 놓았다. 우린 다만 정치적인 조건을 벗어나 사사로운 이야기를 나누고 싶었을 뿐이었다. 그것마저 불가능했다. 약속 시간은 다가오고 동인들은 멀리서 두만강 줄기만 망연히 바라보았다. 아쉽지만 북쪽에서 물물거래를 수락했다는 사실 그 자체만으로 만족할 수밖에 없었다. 어두워지면서 두만강 물줄기가 굽이굽이 우리의 몸속으로 흘러 들어왔다. 이제 흘러 들어온 두만강 물줄기가 굽이굽이 흘러 나갈 수 있도록 쉬지 않고 시를 써야 될 것 같다. 그런데 만일 북한군과 최초로 접촉한 사람이 조선족 안내원이 아니고 빗방울화석 동인들이었다면? 그리고 실제로 물물거래를 하고 다음 약속을 하고 그 사실을 시로 쓴다면? (이와 반대로 만일 국보법에 걸리지 않게 두만강 체험을 현장시로 쓴다면? 현실은 금시 허구로 바뀌거나 가정이 되고 말 것이다.)

 나는 그동안 내가 구체적으로 체험한 것을 시로 써왔다. 화전민 생활이나 군대 시절 비무장지대 이야기, 그리고 방황할 때 황야와 얼음사막에서 우연히 만난 탈북자들이나 북한 사람에 대한 이야기도 다 체험한 것들이다. 그런데 이런 체험 이야기들은 성장 과정에서 혹은, 어쩔 수 없는 상황에서 우연히 이루어진 것들이다. 나는 이 우연성을 벗어나고 싶었다. 다행히도 빗방울화석 동인들과 어울려 십여 년 백두대간을 타면서 이 우연한 체험은 쉽게 극복되었지만 군대 시절의 민족에 대한 어두운 감정은 원체험 그대로 가라앉아 흔들리지 않았다. 이번 두만강 탐사에서 북쪽과 물물거래를 트려 한 것도 심리적으로는 그 중압에서 벗어나고 싶은 욕망을 드러낸 것이다.

엊그제 러시아 음유시인 율리 김의 노래를 들으면서 나는 많은 생각을 하게 되었다.* 그는 고령(70세)임에도 거의 두 시간 동안 악보도 없이 스물여덟(두 편은 앵콜) 편의 시를 노래했다. 스탈린 치하를 견뎌온 어두운 삶의 질곡에도 불구하고 그의 바르드 음악(음유시)은 특이하게도 경쾌하고 익살스러웠다. "시는 진지하고 슬프게 쓰더라도 노래에서는 명랑함을 잃지 않으려고 부단히 노력했다"는 그의 말이 떠올라 가슴이 뭉클했다. 그는 〈고래 한 마리〉를 첫 노래로 불렀다. "먼먼 북쪽 바다에/ 고래 한 마리 리 리 리/ 배를 타고 어부들/ 고래를 찾네/ 아 고래 없네."

그는 시편마다 해설을 곁들였는데, 이 시에 대해서는 모스크바국립사범대 역사인문학부를 졸업하고 삼 년 계약으로 캄차카 야간학교의 지리 교사로 발령받은 뒤 보지 못한 바다와 보지 못한 고래를 상상하며 쓴 시라고 했다. 초등학교 교과서에 실릴 정도로 내용이 단순하고 소박하지만 그의 젊은 날의

---

* 2005년 10월 29일 세종문화회관에서 공연했다.

꿈과 좌절이 녹아 있는 시였다. 모스크바에 살면서 그가 캄차카행을 선택한 것은 심리적으로는 자신을 억압하고 속박하는 것으로부터 벗어나기 위한 하나의 몸부림이었을 것이다. 이번 공연에 포함되지 않은 시에도 이와 유사한 내용이 엿보였다. 그는 하찮은 것일지라도 결핍된 것을 결핍되었다고 노래하면서 진실을, 어린아이처럼 노래하면서 어린아이의 순수성을, 바다와 그 너머의 세계를 노래하면서 불가능한 꿈과 이상을 되찾으려 했다. 강압적인 현실에 대한 그의 어릿광대 같은 노래들은 마침내 암흑 속에서 웃음을 살려내어 인민의 삶에 힘과 용기를 불어넣어 주었을 것이다.

공연 한 번 보고 말한다는 게 조심스럽긴 하지만 그의 노래는 내용 자체보다 경쾌한 리듬이 생명이었다. 그 경쾌한 리듬이 암흑이었고 감춰진 고통이었고 눈물이었다. 무엇보다도 그가 아직도 살아남아 의자에 앉아 기타를 치고 노래하며 고국의 청중을 향해 활짝 웃는 모습이 감동적이었다. 시가 태어난 자리에서 멀리 떨어져 앉아 들어도 언 가슴이 후련하게 풀리는 것 같았다.

나는 율리 김의 음유시를 들으면서 그동안 시에서 되찾으려고 했던 것이 무엇이었는지 잠시 생각해보았다. 아직까지 일상적인 삶도 회복하지 못하고 정체 모를 기운에 휘말려 그저 풀더미처럼 떠밀려 다니는 게 아닌가 하는 생각이 들었다. 되는 대로 발표만 했을 뿐 뜨거운 시 한 편 남기지도 못한 것 같다. 시란 삶의 기록 이상이긴 하지만 시가 자리 잡을 터전은 여전히 구체적인 삶 속에 존재하기 때문에 뜨겁게 살지 않고서 뜨거운 시를 기대한다는 것은 어리석은 일인지도 모른다. 언젠가 때가 오면 두만강 체험시를 쓰고 싶다. 중국 쪽 두만강 발원지인 적봉 기슭(실제로는 천지)에서부터 저 끝자락 권하촌에 이르기까지.

다음 시는 두만강 시리즈 중의 하나이다.

일본해 밀어붙이려고
동쪽으로 흐르던 강물이
잠시 숨 돌리는 곳

훈춘시 경신진 권하촌

안중근 의사가 한동안 머물렀던
성수산 끝자락 낮은 둔덕엔
묵은 밭과 오솔길

아궁이와 수도 펌프와 거실이
한자리에 붙어 있는
낡은 초가집 하나

울안에 들어서자 끝없는 황야, 바람이 분다, 억새가 흔들린다. 의사는 여기서 경흥 일대의 일본군 수비대를 기습했을까? 만국공법으로 의병들을 설득하고 만국공법으로 포로들을 풀어주었을까? 총까지 돌려준 채?
　아니면 거사 앞두고 아들 분도와 연추하리 사이를 드나들다 잠 못 이루었을까? 태극기 펼쳐놓고 왼손 무명지 잘라 '대한독립'을 쓰고 만세를 부르던 비밀결사여

　권하해관을 빠져나오면서
　노을에 물든 강물이 깃발처럼 흔들린다.

—졸시, 「두만강」 전문.

*　『대산문화』 2005. 겨울.

초원의 빛
―시 속의 서사

신대철

초원,

양떼 따라 양떼구름 흘러간 초원에
반짝 쏟아져 나오는 패랭이
잎 뜯긴 구절초, 쑥부쟁이
꽃대만 흔드는 앉은뱅이꽃

둥글게 지평선을 감싸는 향그러운 초록빛,

모래와 먼지로 뭉쳐진 몸 서늘히 열리는 하늘 밑으로 초원은
금시 어둡게 잦아든다. 발 디딜 틈 없는 마른 풀똥 사이 황홀히

스치는 땅기운, 하늘은 두둥실 올라가고 엉키고 뒤엉키다 문득 사라지는 길, 우린 한동안 갈 길도 잊고 사방으로 달렸다. 달빛에 휘어지는 작은 개울가 하얀 겔 앞에 이르자 야크 다리 밑에서 젊은 아낙이 불쑥 일어선다. 젖을 짜고 있었을까, 바람 바뀌는 대로 굴러가는 말발굽 소리를 뒤쫓고 있었을까.

하룻밤 묵고 싶어 잔잔한 물소리 끝에 서릿발 잡히는 개울가에서 남편을 기다렸다. 초원에서 사라진 별꽃들 총총총 하늘에 되살아나는 여름밤, 들어오세요, 들어오세요, 아낙이 수줍게 손짓을 했지만 털옷에 몸 오그려 넣고 땅 울리는 야성의 소리에 귀기울였다.

    다른 양떼 따라간 새끼 양 찾아다니다
    자정 넘어 소리 없이 돌아와
    별일 아니라고
    초원을 향해 바람한테 말하는 남편,

    초원을 향해 바람한테 듣고
    묵묵히 별빛 이슬로 덮은
    말똥 주워와 불 피우고
    잠자리마다 꽃무늬 담요에
    새 천 깔아주는 만삭의 아낙,

초원의 빛

마유주 신내, 양고기 노린내, 노란 가족사진

밤새 초원의 숨결처럼 깜박이는 초롱불
연필도 종이도 없고
기웃거리는 말 한 마디 비치지 않는 적요寂寥,
아낙은 잠결에도 한데로 향해 있다,

꿈속에선 별일 없이 새끼 양 달래어 돌아오고 있을까,
동이 터도 남편은 한데에 말 옆에 잠들어 있다, 술내로 온몸 밀봉한 채 담요 한 장 안 두르고, 허공에 왔다 갔다 하는 독수리 그림자로 간간 햇빛을 가리우고, 이른 아침 초원을 깨우는 야생화와 부드러운 바람결에 몸 녹이면서 어딘지 모르는 곳에서 끊임없이 울려오는 말발굽 소리를 가슴으로 울려 받아 초원에 되돌려 주고, 소리의 주인이 누구인지 어디를 향해 가고 있는지 안다는 듯 웅크렸다 뒤척이다 개울가로 굴러 풀섶에 깃든다,

탁 트인 산간 고원을
풀들 양떼들 다시 흐르고

은은히 산속에서 초원으로 흘러드는 물, 풀뿌리 스치고 새 발자국 찍힌 물, 개구리 잠기고 뱀 건너가는 물, 타르왁이 마시

고 목마른 자 엎드려 눈감고 마시는 물

그늘진 얼굴
땡볕에 그을려 씻고
아낙은 먼 데서 걸어와 물 길어가듯
흙내 가라앉는 개울가에 쪼그려 앉는다,
물 밑바닥에 보글거리는 물방울 섞어
풀빛 몰아 온 물살 한 바가지
뭉클거리는 흰 구름 한 바가지
찰랑 넘치지 않게 물 한 통 길어
곁 가까이 돌무더기에서 빨래하고
남은 물을 멀리 흩뿌린다,
흘러온 물 푸르게 초원 끝까지 흘러가라고
일렁이는 물속에 온갖 생명붙이 비춰 보고
지평선 넘나들다 햇빛 일제히 쏠려가는 그 어디
봄집에서 여름집으로 뒤처져오는 목민을 위해
이름도 목소리도 모르는 강가 원주민을 위해
아낙은 먼 데로 물 길어가듯
개울에서 물 한 통 길어다 찻물 끓이고
굽혀진 몸 환하게 여는 태아의 미소까지
갓 핀 빛살무늬 물소리에 울려 보낸다,

풋풋한 바람 속에

물 흐르는 듯 번져가는 아득한 초원,

물 흐르는 듯 서 있는 만삭의 아낙,

흘러온 물 푸르게 흘러가는 초원에선 빛이 향기를 낸다
　　　　—「흘러온 물 푸르게 흘러가는 초원에선 빛이 향기를 낸다」,

　　　　　　　　　　　　『현대문학』 2001. 1.

　이 시의 배경은 몽골 초원이다. 이 시 속의 이야기로 들어가려면 우선 내가 몽골에서 만난 사람부터 이야기해야 될 것 같다. 이 시 밑바닥엔 세상과 격리된 채 일상을 지워버린 고독한 사내가 숨어 있다. 그 사내와 함께 초원으로 나가면 이 시를 좀 더 생생히 읽을 수 있을 것이다.

　1997년 나는 몽골에서 일 년 가까이 지냈다. 처음 울란바토르에 들어갔을 때 거리엔 시베리아 바람이 몰아치고 있었다. 걸으면서 아무것도 생각할 수가 없었다. 어느 날 우연히 한 고독한 사내(굳이 밝히자면 계민석 선생)를 만나게 되었다. 그는 몽골 국립대학에서 한국어를 가르치는 젊은이였는데 세상일에는 별로 관심이 없었다. 그냥 혼자 혹한 속에서 견디는 것도 힘들어 보였다. 그런데 만날수록 그 옆에 가만히 있기만 해도 편안했다. 밤늦도록 이야기하다 헤어질 때는 언제나 나를 집까지 바래다주었다. 그는 아주 여리고 은은한 사람이었다. 나는 그가 생각하는 것들을 생각해보고 그가 사랑하는 사람들을 사랑했다. 그의 따스한 부모와 누이를, 누이의 애인의 제자까지 사랑했다.

여름방학이 되어 서울에서 내 가족이 올라왔을 때 우리는 한 덩어리가 되어 삼십오 년 된 러시아제 봉고차를 타고 며칠 초원을 돌아다녔다. 하루에 일곱 번이나 타이어 펑크가 나는 비포장길을 고물차로 헤매다 왕소나기와 우박을 맞기도 했고 길을 잃기도 했다. 그러나 날이 개면 초원은 마음을 부드럽게 감싸주었다. 투명한 대기와 가족의 은근한 훈기와 문득 평온해진 계 선생의 눈빛을 받아 초원은 한없이 평화롭게 느껴졌다. 밀대 쓰러진 곳마다 독수리는 높이 떠 있었고 천연 요새같이 구릉들이 첩첩첩 둘러싸고 있던 카라코룸, 긴 협곡을 끼고 푸르게 펼쳐진 고원 끝에 흰 점만 남기고 가물거리던 양 떼와 마을들, 그리고 먼 산에서 흘러내린 물이 탄성을 지르듯 떨어지던 오르혼 폭포. 산간 지방에서 살아온 나에게 햇빛 쏟아지는 초원 풍경은 타르왁(마멋)이 달려가다 오똑 서서 물끄러미 사람을 바라보는 작은 모습까지 아름답게 보였다. 오르혼 폭포에서 돌아가다 날이 저물어 우리는 어느 겔에 들어가게 되었다. 만삭의 아낙이 혼자 야크 젖을 짜고 있었다. 남편은 길 잃은 양 떼를 찾아나갔다가 밤늦게 돌아왔다. 남편이 돌아오자 만삭의 아낙은 우리 일행의 잠자리를 마련하려고 침대에 요 홑청 같은 흰 천을 깔아주었다. 결혼하여 한 번도 쓰지 않은 천이라고 하였다. 자기 잠자리까지 내놓는 아낙의 따뜻한 배려에 우리는 모두 놀랐다. 우리는 아낙한테 침대가 더 불편하다는 핑계를 대고 모두 날바닥에 누웠다. 초원의 풀꽃 같던 별들이 어느새 얼음 알갱이처럼 떠 있었다.

아침에 일어나 보니 남편은 술에 취한 채 한데에 맨몸으로 잠들어 있었고 어디선가 끝없이 말발굽 소리가 들려왔다. 아낙은 개울에서 물을 길어 찻물을 끓이고 빨래를 하고 있었다. 옷가지 헹군 비눗물을 개울에 버리지 않고 멀리 걸어가 초원 돌더미 위에 뿌렸다. 만삭인데도 같은 일을 반복했다. 개울 흘러가는 지평선 넘어 얼굴도 이름도 모르는 사람들을 위해 개울을 더럽히지 않고 맑게 쓰고 있었다. 우리도 그 아낙을 따라 개울에서 물을 떠 멀리 걸어가 세수하고 물을 버렸다. 여름 한철 지내면 가을집으로 갈 사람들인데도 그들은 주위에 쓰레기 하나 남기지 않았다. 목민들의 연대 의식이나 공동체 의식은 생활 속에서 자연스럽게 우러나온 것이었다.

추운 하룻밤이었지만 몸은 가뿐했다. 세상에 나와 있는 계 선생도 싱싱해 보였다. 갈 채비를 다 끝내자 그들은 가족을 멀리 떠나보내는 것처럼 눈물을 글썽였다. 발걸음이 떼어지지 않았다. 몽골에 와서 매일같이 하루에 서너 시간씩 몇 달 동안 풀밭을 달려도 다가오지 않던 초원이 어느새 가슴으로 스며들어 와 흐르고 있었다.

그러나 지금 그곳에 가서 같은 일을 겪는다 해도 다시는 그 초원을 볼 수 없을 것이다. 초원에 푸른 빛만 남기고 그때 그 사람들은 이미 지상에서 흘러갔다. 무심히 살아가는 동안 따가운 빛 속에서 초원이 느껴지면 그 순간 아낙의 고요한 눈에 어리던 그 아릿한 태아의 미소에 화답하기 위해 문득 길을 멈추고 길을 바꾸고 다시 살기 시작할 것이다.

시 속에 나타나지 않더라도 내 시 속의 이야기에는 대부분 숨은 이가 들어 있다. 구체적으로 체험한 이야기이든 아니든 나는 그 숨은 이와 대화하면서 이야기를 끌어나간다. 숨은 이와 내가 같은 상황 속에서 공동 체험을 할 경우에는 두 자아가 합일되어 공동 창작을 하게 되는데 시가 마무리되는 동안 숨은 이는 시적 화자로 계속 유지되거나 시 속에 용해되어버린다.

이 시 속에서 계민석은 시적 화자인 우리와 함께 있으면서 동시에 시 밑에 숨어서 시의 이야기를 받치기도 한다. 이 시를 완성할 때까지 그와 끊임없이 이야기를 나누었기 때문일 것이다. 그땐 우주적인 질서에 참여하는 일상적인 삶이 가장 이상적인 삶같이 느껴졌다.

내 시 속의 숨은 이는 물론 사람만은 아니다. 이 시 속의 젊은 목민 부부가 바람을 사이에 두고 바람한테 말하고 바람한테 듣듯이 나는 흐르는 물에 빛에 울음소리에 귀 기울인다.

*   『시평』.

차창과 야생창

신대철

몽골의 북쪽,
몽골에서 가장 긴 셀렝게강이
러시아 바이칼로 흘러가기 위해
마지막으로 사행천을 은빛으로 반짝이는 곳.

울란바토르에서 셀렝게 아이막 수흐바타르 솜까지는 기차로 아홉 시간. 국내선 기차는 타는 사람도 내리는 사람도 없는 역에서도 잠시 머무르다 간다. 나무 하나 없이 흐르는 구릉과 구릉, 풍경이 바뀔 때마다 오, 오, 놀란 목소리에서 터져 나오는 뭉게구름과 보랏빛 야생화. 다르항에 가까울수록 끝없이 밀밭이 펼쳐진다. 감자꽃도 파꽃도 하얗게 번져나간다. 낮은 구릉을 넘어가는 트랙터도 보인다. 초원에 보석같이 박혀 있던 겔들 사라지고 목조건물들이 드문드문 나타난다. 차창에 비친 풍경은 몽골인들이 유목민에서 농경민으로 바뀌어가는 풍경 같다. 여기저기 경계를 표시하는 말뚝이 박혀 있다.

 일행들이 말뚝에 갇혀 말없이 마주 보고 있는 동안 나는 간 밤에 쓴 시 한 편을 들고 서성이다 내 침대칸으로 돌아왔다. 일행들에게는 내 시보다 마주 보고 있는 침묵이 더 강하게 읽힐 것이다. 일행들은 이제 마주 보는 침묵을 통해서 기억의 저장소를 확인하게 될 것이다. 아무것도 의식하지 못하는 사이 몸속에 들어온 사물과 충돌하고 잠 못 이룰 것이다.

 우리 일행은 몽골 울란바타르 대학교 한국학연구소에서 이 년 동안 함께 시 공부를 했다. 십여 명이 시작하여 일곱 명이 남았다. 이번 여행에는 나와 아내, 그리고 정혜숙, 강선화, 김나라 등 세 교수와 권안나 수녀가 함께했다. 처음 출발할 때는 기차에서 창작 토론을 하려 했지만 우리 모두 소리 없이 흘러간 사람들 다시 흘러가는 기억 속의 시간에서 자유롭지 못했다. 이런 시간은 시베리아 금강송이 빽빽이 들어찬 숲속에서 시 낭송을 하거나 무릉강과 셀렝게강이 오르혼강과 합류하는 곳에서 혹은 폐허가 된 목재 공장 그늘에서 동요를 부르는 게 더 자연스러울 것이다.

 기차는 어느새 다르항역으로 진입한다. 들뜬 목소리가 통로를 울린다. '여기 다르항이에요. 신부님, 다르항에서 십오 분

쉰다고 하는데요, 만날 수 있을까요?' 통화를 끝내자마자 수녀는 기차에서 뛰어내린다. 저쪽에서 목에 수건을 두른 남자가 아이들을 데리고 달려온다. 가까이 보니 어느 신문에서 본 돈보스코 성당 이호열(사이먼) 신부이다. 몽골의 결손 가정 아이들과 함께 채소도 기르고 차차르간(비타민나무)도 키운다는 바로 그분이다. 두 사람은 어린아이처럼 손을 마주 잡는다. 수녀는 신부한테 안부 인사를 하고 다른 수녀들의 안부를 묻고 다음엔 피정 지도가 잘 끝났는지 묻는다. 두 사람이 주고받은 말은 그게 전부이다. 그러고는 수줍은 눈. 누구로부터 시작되었는지 신부와 수녀와 아이들의 어깨 언저리로 내려오는 순하고 여린 눈빛.

  통로 차창에 기대어 그 눈빛을 따라가 보니 이 년 전 나랑솜의 몽골 청년이 떠오른다. 하얀 달래꽃이 끝없이 넘어가는 지평선에 검은 점이 흔들리고 있었다. 점은 점점 커지더니 웃통을 벗어젖힌 구릿빛 청년이 말을 타고 나타났다. 이름은 벌더, 나이는 스물두 살, 세 살배기 말을 길들이는 중이라 했다. 한·몽 역사·언어 관계를 답사하던 우리 일행은 한국과 몽골의 혈연관계를 증명해 보이려는 듯 손필영 시인과 벌더를 나란히 세워 사진을 찍었다. 두 사람 사이를 점점 좁히다가 우리는 벌더에게 아예 다정한 포즈를 부탁했다. 그런데 벌더는 어깨에 손을 올리긴 했지만 주먹을 쥐고 펴지 않았다. 몇 번을 다시 찍어도 수줍게 웃을 뿐 끝끝내 펴지 않았다. 손 시인은 그때의 느낌을 두 번째 시집 『타이하르 촐로』에서 아름답게 표현하고 있다.

> 누군가 그의 팔을 소녀의 어깨에 걸친다
> 그의 손은 마음을 감춘 듯 오그리고
> 그의 마음을 따라 흐르던 어깨 위에서
> 지평선이 떠오른다
>
> —손필영의 「하얀 달래밭에서」 부분.

다르항 지나 러시아 접경 지역을 향해 달리던 기차는 우리 일행이 침묵을 몽상으로 바꾸는 사이 종착역에 닿았다. 노을이 시뻘겋게 불붙기 시작했다. 차창에 어린 풍경들과 물질만 남은 기억들이 타오른다. 내가 신부와 수녀, 시인과 목부를 통해 내다본 미소들도 노을 속으로 스며든다. 검은 차창과 검붉은 야생창에 비치는 황홀한 야생의 미소!

* 『현대문학』 2013. 9.

실미도에 대한 명상

신대철

1989년 가을 어느 날 나는 처음으로 실미도에 들어갔다. 주문도나 덕적도 일대의 작은 무인도를 떠돌다가 우연히 들른 섬이었다. 그곳이 비극적인 사건이 일어났던 실미도라는 것을 아는 순간 피가 역류하는 듯했다. 잊고 있었던 어두운 기억들이 한꺼번에 떠올랐다. 몸을 가눌 수가 없었다. 돌아설까 하다가 그대로 들어갔다. 현장에 다가갈수록 오히려 다리에 힘이 느껴졌다. 산 둔덕을 넘어 다리에 긴장이 생길 만한 지점에서 바다가 트였다. 수평선이 시퍼렇게 날이 서 있었다. 사람이 없어도 우물에는 물이 솟고 있었다. 우물가엔 무너진 계단 조각이 굴러다녔다. 그때 실미도는 그냥 폐허였다. 시멘트로 만든 지형도 몇 개와 불에 타다 남은 나무토막, 칡덩굴로 뒤덮인 연병장과 막사터, 단두대같이 떠오르던 수평선, 죽은 이들의 혼령같이 어른거리던 해당화와 참꽃마리……. 그 모든 사물들이 한데 어울려 형장의 분위기를 자아냈다.

수평선을 보고 있으면 공작원들과 마지막으로 나눈 따가운 포옹과 몸 자국도 그대로 되살아났다. 마치 그때 그 현장으로 되돌아가 어디선가 공포와 굶주림과 불안 속에서 더듬더듬 돌아오고 있을 그들을 기다리고 있는 것 같았다. 그들은 계속 오는 중이고 나는 계속 기다리기만 하는 상황으로 되돌아가기만 해도 마음은 덜 무거웠다. 내 시「실미도」는 그때 초고가 잡혔다. 그 후 나는 북극으로, 고비사막으로 떠돌아다녔다. 순수한 삶의 원형을 복원하고 싶었다. 한결 가벼운 마음으로 돌아와 다시 실미도를 드나들었다. 학생들을 데리고 가기도 했고 빗방울화석 시인들과 함께 가기도 했다. 빗방울화석 시인들과 같이 갔을 때는 녹슨 스테인리스 국자를 발견하고 모두들 실미도가 비극적인 현장임을 새삼 뼈저리게 느꼈다. 그들은 그 고통을 시로 남기기도 했다. 나는 2000년부터는 실미도를 아예〈시와 체험〉과목의 야외 실습장으로 삼았다.

작년 여름엔 학생들과 실미도에 들어가다 쫓겨 나왔다. 어느새 영화 촬영장이 되어 있었다. 자세히 볼 수는 없었지만 시야가 막힌 망루 위치와 넓혀진 막사 자리가 낯설었고 실감을 주려고 세운 건물들이 오히려 더 비현실적으로 보였다. 훼손된 역사적 현장에는 산길 일부가 남아 있을 뿐, 닳고 닳은 돌과 울퉁불퉁한 축대 하나 보이지 않았다. 더욱이 사건의 실상이 제대로 밝혀지기 전에 영화가 제작된다는 사실이 안타까웠다. 사실을 알기 전에 영화만 본 젊은이들은 사실까지도 허구로 생각하게 될 것이다.

  영화 〈실미도〉의 실제 모델인 실미도 특수부대는 1968년 1월 21일 북한 124군부대의 청와대 습격 사건 이후 김일성 주석궁(처음엔 124군부대가 목표였다고 한다)을 폭파하기 위해 보복용으로 급조된 북파공작 부대였다. 남파된 북한 124군부대에 맞대응하기 위해 훈련병도 똑같이 서른한 명으로 만들었다. 다른 점이 있다면 124군부대가 정예 군인들인데 비해, 실미도 훈련병들은 물색 요원들이 물색한 모집병들이라는 점일 것이다. 실미도 특수부대는 공군 편제상 공식 명칭이 2325전대 209파견대였는데 1968년 4월에 창설되었다 하여 '684부대', 혹은 작전명을 붙여 '오소리' 부대로 불렸다. 이 북파공작원들은 다른 공작원들처럼 위험수당에 특식을 제공받으면서 살인적인 훈련 끝에 살인 병기가 된다. 두 차례 출동 명령을 받았지만 대기 상태에 그치고 만다. 더욱이 중앙정보부장이 바뀌고 남북이 화해 무드를 타자 그들은 생존 목표를 상실하게 된다. 점차 훈련은 긴장이 풀어지고 급식이나 난방 상태는 더욱 나빠진다. 오직 주석궁을 폭파하고 살아 돌아와 새 삶을 가지려 했던 그들은 불확실한 미래에 대해서 불안과 공포를 느끼기 시작한다. 결국 그들은 삶의 방향을 잃고 집단 발작을 일으켜 1971년 8월 23일 5시 40분경 교육대장을 망치로 죽이고 무기고를 탈취하여 기간병을 살해하고 청와대로 돌진한다. 도중 탈취한 버스 속에서 수류탄으로 집단 자폭하지만 그중 네 명은 살아남는다. 당시 야당 국회의원들이 실미도 사건의 진상을 밝히려는 움직임을 보이자 정부는 전임 소대장을 시켜 훈련병들이 입을 다물면 월남에 데리고 가겠다고 설득하게 한다. 그들은 약속을 지켰지만 모두 사형에 처해진다.

〈실미도〉는 이 비극적인 사건을 토대로 제작된 영화이다. 영화를 본 사람들이 어디까지 사실인지 궁금해하는 것은 상식적으로 볼 때에 사실 같지 않은 부분이 많기 때문일 것이다. 제작 준비 과정에서 수집한 사실을 확인하거나 변형만 하지 않았어도 현실성이 없는 허구는 많이 줄어들었을 것이다. 한마디로 줄여 말하면 영화 〈실미도〉는 단순한 블록버스터형 액션물에 지나지 않는다. 실화를 바탕으로 했으면서도 등장인물들이 살인 병기로만 다루어져 실제 인물 같은 느낌을 주지 않는다. 교육대장이 권총으로 자살하는 장면이나 훈련병과 군경이 대치한 상황에서 조 중사가 등장하는 장면도 현실과 동떨어진 장면이다. 특히 자폭하기 전에 혈서로 이름을 쓰면서 자기 존재를 드러내는 부분은 사건의 실상을 흐리게 하고 감상으로 몰아간다. 구성면에서 볼 때도 앞부분 훈련 과정에 비해 탈출 뒷부분이 너무 허구처럼 느껴져 긴장감도 완결된 느낌도 주지 않는다. 단순한 폭도들의 감상적인 자살극 같다. 만일 끝부분을 사실 그대로 처리했다면? 창고의 녹슨 캐비닛 대신 장막 속에서 탁! 탁! 탁! 탁! 처형되는 소리만 울렸다면 어떠했을까? 자폭보다 처형에 비중을 두어 재판 과정이라도 삽입했다면?

사실이 사실대로 밝혀지기 전에 영화를 개봉하여 아쉽긴 하지만 다행히 영화가 흥행되어 잊힌 국가 폭력과 분단하의 비극적인 사건에 관심을 집중시키고 있는 점은 불행 중 다행이다. 〈실미도〉가 흥행에 성공하고 작품성에서 실패한 것은 역사적인 사건에 초점을 두지 않고 내용을 변형하면서까지 대중적인 상상력에 매달렸기 때문이다. 〈실미도〉를 본 사람들은 이 액션물을 통해 예술의 생명적인 힘은 상상력을 통해 완성되지만 어떤 상상력도 현실을 바탕으로 하지 않을 경우에는, 그리고 현실을 더 현실답게 창조하지 못할 경우에는 오히려 내용을 현실과 유리시키고 예술을 비생명적으로 만들어버린다는 사실을 다시 한번 깨달았을 것이다.

내가 만난 북파공작원들은 영화 〈실미도〉에 등장하는 근육질 인물들과는 다르게 대부분 중키에 날렵하고 눈이 강렬한 사람들이었다. 오랜 세월이 지난 뒤에도 눈만은 지워지지 않는다. 깡마른 체구에 번득이는 눈, 움직이지 않아도 옆으로 길게 찢어지는 눈, 어른거리는 것은 무엇이나 내리칠 듯한 눈, 뚫어지도록 노려보다 초점 잃고 문득 고요해지는 눈⋯⋯. 그들의 눈 속엔 당당한 얼굴과 표정이 들어 있었지만 오그라든

비좁은 어깨로 간신히 고독과 절망을 받치고 있었다. 그들은 HID 후속 부대인 AIU 출신들이었다. 그들은 처음엔 별말이 없었다. 한동안 같이 지내면서 인간적인 소통을 하게 되자 공작원이 된 경위, 작전 규모, 새 삶에 대한 계획 등 특별한 기밀이 아닌 것은 무엇이든 조심스럽게 털어놓았다. 장비도 보잘것없었다. 자살 도구와 육포, 독침과 미숫가루가 전부였다. 작전도 오 박 육 일이나 칠 박 팔 일 사이 교량을 폭파하거나 주요 시설 위치를 확인하거나 상주 요원과 접선하는 정도였다. 살기 위해선 인원 살상이 불가피하겠지만 그것이 직접적인 목표는 아니었다. 그들은 작전만 끝나면 보통 사람처럼 살고 싶어 했다. 잘못 든 길을 바로잡으려는 게 그들의 한결같은 소망이었다. 그들은 생을 바꿔보려고 공작원이 된 사람들이었다. 가난하여, 혹은 가정이 파괴되어 어린 나이부터 부랑자 생활을 해왔으나 평범한 가정을 이루어 농사짓고 장에 가고 아이들 선물 꾸러미를 들고 집으로 돌아오는 소박한 꿈을 마음속 깊이 간직한 사람들이었다. 그들은 어느 날 우연히 물색 요원(그들은 브로커라 했다)을 만나게 되어 절망을 애국심으로 바꾸고 인생을 다시 시작하기 위해 자신의 운명과 마주 선 것이었다. 항간에서는 북파공작원들을 사형수들이거나 무기수, 혹은 죄수들로 알고 있지만 실제로는 군에서 설득되어 온 사람도 있었고 자원한 사람도 있었다.

나는 우연히 ○○○장이 되어 북파공작에 합류하게 되었다.

작전은 대부분 천둥 번개 치는 날 새벽에 이루어졌다. 다른 곳에선 도중에 공작원이 죽거나 호송원이 다치기도 했으나 운 좋게도 내가 있던 곳에서는 사고 한 건 없었다. 공작원들은 세 사람이 한 팀이 되어 넘어갔다. 어떤 때는 한 사람만 돌아오기도 했고 혹은 도중에 돌아온 사람도 있었다. 그들은 모두 아무 말 없이 있다가 지프차에 실려 갔다. 그리고 얼마 후에 나는 새로운 작전 명령을 받았다. 지금도 살아 있는 ○○○ 장군의 명령이었다. 작전에 돌입하기 위해 전보다 자주 군사분계선을 드나들며 목표 접근로를 확보해나갔다. 인명 살상을 전제로 한 작전이라 잠도 오지 않았다. 그때 전방에서 이십 일 앞서 철수 명령이 내리지 않았던들 내 운명도 실미도 훈련병들과 비슷했을 것이다.

우연이든 필연이든 인간은 누구나 제 생을 결정짓는 어떤 순간을 맞이한다. 그 순간이 언제 와서 언제 지나갔는지 모르는 사람들은 가던 길을 계속 갈 것이다. 그러나 생을 바꾸는 변화의 순간에 고통을 당한 사람들은 살아남았어도 가던 길을 더 갈 수도 없고 일상인으로 되돌아올 수도 없을 것이다. 그 고통이 깊은 상처로 남겨진 경우에는 상처가 흐려진 뒤에도 잠복된 상태로 들어앉은 순수 회상이 구체적 이미지로 바뀔 때마다 매 순간 괴로울 것이다.

분단 상황하에서 삶이란 무엇인가? 적? 죽음이란? 적? 민족이란? 이념이란? 영화 〈실미도〉를 보면서 나는 아직도 이십 대 때의 질문을 그대로 남긴다.

* 『창작과비평』 2004. 봄.

미나리와 애틀랜타 누님

김택근

영화 〈미나리〉는 1980년대 미국으로 이민 간 한인들의 이야기다. 일가족이 트레일러하우스(이동식 주택)로 이사하며 영화는 시작된다. 많은 이들이 영화의 작품성을 논하지만 나는 우리 누님과 매형이 생각나서 영화 속으로 빨려 들어갔다. 아메리칸드림을 좇아 떠났지만 꿈이 조금씩 작아져 결국 한국인으로 살아가는 사람들은 보는 내내 쓸쓸했다.

1975년 초겨울, 누님은 매형을 따라 영화 속 부부보다 일찍 미국으로 떠났다. 당시에는 생소했던 조지아주 애틀랜타였다. 누님은 '춥고 슬픈 날'로 기억한다. 한국은 가난한 나라, 미국은 이름대로 아름다운 나라였다. 미제美製는 단연 향기로웠다. 누님은 갓 돌이 지난 아기를 친정어머니에게 맡겼다. 당시 김포국제공항은 늘 눈물에 젖어 있었고, 이민을 떠나는 젊은이들은 〈공항의 이별〉 노랫말처럼 이 땅에 하고 싶은 말을 못 하고 떠났다. 언제 돌아올지 몰랐다. 입술을 깨물고, 주먹을 쥐고, 끝내 돌아서서 눈물을 훔쳤다. 그렇게 하늘 멀리 사라져갔다.

누님은 영화 속 가족처럼 바퀴가 달린 트레일러하우스에서 살았다. 날마다 부모와 형제들이 그리웠을 것이다. 두고 온 아기가 보고 싶었을 것이다. 고향 하늘이 어디인지 몰라 머리를 서쪽으로 향한 채 잠을 청했을 것이다. 부부는 온갖 허드렛일을 하며 돈을 벌었다. 고향에 두고 온 것들을 잊기 위해서도 더 열심히 일했을 것이다.

누님은 식구들 목소리가 듣고 싶었다. 고향집에는 전화기가 없어 길 건너 신태인중학교로 전화를 했다. 국제전화란 말에 놀란 교장 선생은 허겁지겁 교장실을 나와 철조망 너머 우리 집을 향해 미국 딸이 전화를 했다고 외쳤다. 어머니도 놀라서 뛰쳐나왔다. 교장 선생은 학교 정문은 너무 멀다며 철조망에 난 개구멍을 더 넓혀주었다. 국제전화는 감이 멀었다. 어머니는 교장실에서 악을 쓰고 눈물을 쏟았다.

험한 손으로 손녀를 키웠다. 자식들 키울 때는 병원에 얼씬도 안 했지만 손녀는 달랐다. 아프면 한밤중이건 새벽이건 택시를 불러 큰 병원이 있는 정읍으로 달려갔다. "자식이라면 어찌 되든 그냥 키우지만 손자는 참말로 조심스럽네." 손녀가

미나리와 애틀랜타 누님

어디서 맞고 오거나 얼굴에 손톱자국이라도 나 있으면 그날은 마을이 뒤집어졌다.

　매형과 누님은 때때로 돈을 부쳐왔다. 미국에서 오는 편지 봉투는 크고 빳빳했다. 그 안에 편지와 함께 수표(우편환)가 들어 있었다. 어머니는 수표를 한동안 서랍에 넣어두었다가 우체국에 가져가 환전을 했다. 그 돈은 보기도 아깝고, 쓸 때는 더 아까웠다. 몇 푼은 아껴서 이웃들에게 막걸리를 대접했다. 사람들이 고맙다고 말하면 딸이 사는 술이라며 웃었다.

　손녀는 할머니 품에서 별 탈 없이 자랐다. 야위고 등이 굽은 마을에서 손녀의 웃음은 희고 맑아 잡귀신을 몰아냈다. 하지만 이별은 예고돼 있었다. 누님이 한국에 나와 일곱 살 딸을 데려갔다. 공항에서 작은 배낭을 멘 손녀가 인사를 했다. "할머니 안녕히 계세요." 손녀는 그렇게 하늘 멀리 사라졌다. 할머니는 참았던 눈물을 쏟았다. "참말로 못 먹여서 미안하다. 미국서는 잘 먹고 잘 크거라."

　미국으로 간 손녀는 대학을 나와 초등학교 교사가 되었다. 어느 날 결혼 소식을 전해왔다. 식구들이 어머니를 모시고 애틀랜타로 날아갔다. 신랑은 미소가 큼지막한 중국 청년이었다. 미국식 결혼식은 오래 걸렸다. 야외 결혼식을 치르고 이어서 실내 파티가 벌어졌다. 손녀는 맨 먼저 할머니에게 다가가 춤을 청했다. 한국에서 온 자그마한 할머니, 파티에서 유일하게 한복을 차려입은 동양인. 둘은 오래 춤을 췄다. 하객 모두가 할머니와 손녀를 에워싸고 박수를 쳤다. 여기저기서 눈물을 훔쳤다. 왜 자꾸 눈물이 나왔는지 지금 생각해도 알 수가 없다.

영화 속의 할머니는 이렇게 말한다. "미나리는 어디에 있어도 알아서 잘 자라지." 어디에 있든 잘 살아보자는 다짐처럼 들렸다. 매형과 누님도 오래전에 큰 집을 마련하고 슈퍼마켓도 샀다. 둘째 딸은 약사로 일하고 있다. 노년 생활은 풍족한 편이다. 그럼에도 누님은 여전히 한국말을 하고, 한국 드라마를 보며, 미국 속의 한국에 살고 있다. 가난한 나라의 입을 줄여준 사람들. 슬퍼할 겨를도 없던 사람들. 가난을 벗어났어도 여전히 허전한 사람들. 모국의 무관심에도 한국만을 바라보는 사람들. 그리고 서서히 잊혀가는 사람들. 이제 누가 저들을 기억할 것인가. 삼가 치열한 삶에 두 손을 모은다.

* 『경향신문』 2021. 4. 17.

시인을 찾아서

김홍탁

0.
"박쥐나 보러 나갈까?" "아니 이 동네에 박쥐가 있어요…?" 오랜만에 김포에 사시는 선생님 댁에서 저녁 식사를 함께 한 후 선생님은 느닷없는 제안을 하셨다. "이 아파트 뒤쪽에 폐가가 있는데 아마 거기서 사는 거 같아. 저녁 7시 반쯤 되면요 앞 밭둑길에 어김없이 나타나지." 선생님 말씀대로 어둑해질 무렵 박쥐가 나타나 허공을 맴돌다 선생님의 손을 치고 달아나기도 했다. 자신을 알아보는 사람에 대한 일종의 인사치레 같았다. 내 눈엔 그저 참새처럼 보일 뿐이었는데 선생님은 참 용케도 한눈에 자연을 읽으셨다. 늘 그랬다. 이 글은 박쥐와 참새도 구분 못 하는 나의 분별력으로 감히 써보는 자연인

신대철 시인에 대한 이야기이다.

1.

1977년 출간된 신대철 시인의 첫 시집 『무인도를 위하여』는 시인이 되기를 열망하는 문청들은 물론 이미 시인의 이름을 가진 기성 문인들도 늘 머리맡에 두고 틈만 나면 펼쳐 보는 성경과 같은 존재였다. 그도 그럴 것이 선생님의 시는 이전에는 볼 수 없었던 너무나 독특한 문체와 구조를 통해 새로운 의미망을 형성하고 있었기 때문이다. 선생님은 철저히 체험을 근거로 시를 쓰시는데, 그 체험이란 것이 대부분 극한 상황의 끝 간 데까지 자신을 밀어붙인 후에야 얻어질 수 있는 것이다. 그래서 때로는 읽는 사람이 버겁다고 또는 혼란스럽다고 느낄 만큼, 시인의 독창적인 발걸음을 따라가는 것이 쉽지 않다. 선생님의 시가 한국 시문학사의 그 누구의 시와도 비슷하지 않고 그 누구의 계보로도 분류될 수 없을 만큼 독자적인 영역을 구축한 것도 이러한 체험시의 성격에서 기인한다고 할 수 있을 것이다. 감정이야 비슷하게 꾸며낼 수 있지만 뜨거운 체험에서 비롯된 정신의 깊이와 정서의 울림을 어떻게 흉내 낼 수 있단 말인가.

신대철 선생님은 뜨거운 체험에서 우러나온 시는 뜨겁게 읽힌다는 진리를 그동안 출간된 네 권의 시집을 통해 명백히 보여주고 있다. 무엇보다 선생님의 체험은 일상 스케치에 가까운 경험과는 다르다는 데에서 선생님만이 가진 체험의 깊이와 두께가 존재한다. 대부분의 사람들에게 일상은 일상이고 체험의 공간은 따로 존재하지만 선생님은 체험이 일상으로 확장되는 세상에 살고 있다. 선생님의 체험시가 대상을 관찰하는 묘사에 머물지 않고 육화된 실체로 느껴지는 것도 바로 그 이유 때문이다. 특히 선생님에게 자연은 관조하는 대상으로서의 자연이 아니라 그 자신의 일부가 되고 그의 생활이 된 존재로서의 자연이다. 선생님에게 칠갑산은 올라야 할 높이를 가진 대상으로서의 산이 아니라 화전을 일구어 먹고 살아야 하는 삶의 조건으로서의 산이었다. '머루, 다래, 으름이 나는 땅. 콩, 감자, 밀, 보리를 심어야 하는 땅'이었던 것이다. 어둑할 무렵 집으로 돌아오면 닭이 마중 나와 홰를 치며 자신의 어깨에 올라앉는 일상을 경험한 선생님에게 닭은 가축이 아니라 외로움을 나눌 수 있는 생명체였던 것이다.

  선생님은 이후 북극 얼음사막으로, 고비 모래사막으로, 몽골 초원으로 자신의 일상을 확장시켰다. 고행을 자청한 성자처럼 선생님은 극지를 떠돌며 얼핏 자학이라고 느껴질 정도의 체험의 켜를 쌓아 올렸다. 무엇이 시인으로 하여금 고행을 자처하게 만들었을까? 그 고행을 통해 속죄라도 해야 할 만큼의 업보가 있었던 것일까? 아마도 우리는 2006년 『시와사람』의 〈신대철 특집〉에 실린 "자선 대표시 10편을 무심히 뽑아 놓고 당황했다. 대부분 육이오와 군대 체험에 관련된 체험시들이었다"라는 선생님의 고백에서 그 실마리를 찾을 수 있지 않을까 한다. 육이오와 군대 체험이라는 두 가지 트라우마는 무의식 깊숙이 뿌리내려 불현듯 나타나 선생님을 불안하게 만드는 요인이었으며 그것을 떨치기 위해 선생님은 아마도 극지에서 극지로 유빙처럼 떠다녔을 것이다.

특히 "인민재판 중 탈출하여 아궁이 속에 숨어 있던 작은 삼촌", "마루 밑에서 기어 나와 총상 부위에 끓는 물을 쏟아 붓던 큰 삼촌" 등으로 각인되는 전쟁의 기억은 선생님에게 끝 모를 심연과 같은 두려움을 제공했다. 그 두려움은 "물과 빛과 잎새들이 척추동물처럼 꿈틀거렸다"나 "가슴 위로 떠오르다 불시에 스며들어 무섭고 이상한 아픔을 반짝이는 강"에서 보이듯이 프로이트가 말하는 낯선 두려움이라는 '언캐니 uncanny'의 감정으로 자리했던 것 같다. 그리고 이 감정은 선생님의 상상계를 지배하면서 두려움, 반감과 같은 어두운 감정을 미학적으로 승화시켜 표현할 수 있는 계기를 마련했을 것이란 생각이 든다.

그러나 무엇보다 선생님에게 돌이킬 수 없는 정신의 상흔을 남겼던 것은 최전방 GP장으로 군 복무를 하면서 공작원을 북파시켜야 하는 임무를 수행해야 했던 군대 체험이었다. 결정적으로 오랜 기간 시를 쓰지 못하게 만든 트라우마는 바로 그 군대 체험에서 비롯되었다고 해도 과언이 아니다. 그것이 얼마나 큰 괴로움이었던지 평소 가족처럼 가깝게 지내던 필자에게도 선생님은 『개마고원에서 온 친구에게』가 발간될 무렵까지 그 체험에 대해서 한마디도 언급한 적이 없었다. 나중에 안 사실이지만 선생님은 밤마다 꿈속에서 북파공작원의 퀭한 눈과 마주해야 했고, 지뢰를 밟아 다리가 덜렁거리는 사병을 들쳐 업고 뛰던 악몽을 꾸었다고 했다. 일반인이라면 종교에 기대거나 무당을 불러 굿을 통해서라도 얻고자 했을 영적 치유를 그러나 선생님은 시원의 세상을 떠도는 고행의 여정을 통해 모색했다. 극지 체험은 바로 그 정신적 상흔을 치유하기 위한 일종의 '세러피therapy' 같은 것이었다.

　백석문학상 수상 소감에서도 밝힌 바 있지만 '인간적 진실'과 '진실' 사이를 끊임없이 방황했던 선생님은 극도의 혼돈 속에서 생을 영위할 수밖에 없었던 것 같다. 살아 돌아올 확신이 없는 공작원을 사선 너머로 넘겨야 하는 그 심정을 누가 진심으로 이해할 수 있을 것인가? 공작원이 죽거나 그에 의해 누가 죽임을 당하거나 결국은 죽음으로 끝나는 그 어처구니 없는 비극에, 마음으로는 통일을 염원하면서 그에 반하는 행동을 할 수밖에 없었던 아이러니의 운명에 시인은 연루되어 있었던 것이다. 카뮈의 희곡 『정의의 사람들』에 등장하는 러시아 사회주의자 칼리아예프가 세르게이 대공을 암살하려는 찰나 어린 조카들이 타고 있는 것을 보고 차마 폭탄을 던지지 못하는 장면처럼, 시인의 '인간적 진실'은 공작원을 북파시키지 말라고 끊임없이 외쳐댔을 것이다. 이러한 상황에 '포에틱 저

스티스'라는 것이 존재할 수 있을까? 그런 상황을 무시하고 시를 써야 한다는 것 자체가 시인에겐 형벌 아니겠는가? 시로 풀어내지 않는다고 해도 반대로 시로 표출한다고 해도 죄의식이 덜어질 수 있는 형국은 아닐 터, 선생님에게는 시간이 필요했던 것 같다. '인간적 진실'이 '진실'이 되기까지의 시간이. 빙하로 사막으로 초원으로 흘러 다니다 돌아온 후 23년 만에 선생님은 응어리를 토해내 듯 세 권의 시집을 쏟아냈다. 『개마고원에서 온 친구에게』, 『누구인지 몰라도 그대를 사랑한다』, 『바이칼 키스』가 바로 그것이었다. 첫 시집의 유니크함을 고스란히 담은 채 상상력의 발걸음은 성큼성큼 더 멀리 뻗어나가 있었다.

2.

 그러나 그에 앞서 신대철 선생님을 제대로 이해하기 위해선 인간으로서의 자존을 중요시 생각하는 선생님의 생관을 이야기하지 않을 수 없다. 신대철 선생님이 얼핏 보기에 지나치게 꼿꼿한 사람으로 느껴질 수 있는 것도 자존의 자세에서 비롯된다. 그러나 선생님의 자존은 여러 유형의 사람들에게로의 조건 없는 사랑으로 표출되는 것을 수없이 보아왔다. 자존을 지키는 것이, 인간답다는 것이 얼마나 어려운 일인가를 알고 있기에 인간에 대한 이해와 애정도 더 깊어질 수밖에 없었는지 모르겠다. 선생님의 자존은 인간답다는 것에 대한 강한 자기 신뢰라 할 수 있다. 그렇기에 선생님의 시는 궁극적으로 인간을 인간답게 만드는 것에 대한 탐구라고 봐도 무방하다. 그 탐구의 길을 어지럽히지 않기 위해 선생님은 자신의 시와 자신의 생을 일치시키기 위해 부단히 노력하셨다. 그것이 시인으로서 자기 신뢰를 바탕으로 자존을 지키는 방법이었다.

선생님의 자존 의식은 가난했던 유년시절로부터 생성되었던 것 같다. 가난은 선생님에게 '산다는 것은 무엇을 살게 한다는 것일까?'라는 존재론적 질문을 끊임없이 환기시켰고, 스스로를 속박하며 사는 법을 배워야 했던 선생님에게 그 속박은 자기 신뢰를 형성하는 법을 스스로 터득하게 했던 기제였을 거라는 생각이 든다. 바로 선생님의 이러한 자존 의식에서 세상과의 모든 불화는 더 강도를 띠게 된다. '인간적 진실'에 괴로워하는 것도 바로 인간답게 살고 싶은 선생님의 자세가 확고하기 때문이다. 아무리 혹독한 체험을 했더라도 사람의 인간됨이 자기의 편익을 위해 상황을 변조시키는 유형이라면 아무것도 괴로울 것은 없다. 오히려 그런 혹독한 체험을 자기에게 유리한 상황으로 부풀려 활용하고자 했을 것이다. 그런 점에서 신대철 선생님은 타고난 시인일 수밖에 없다. 선생님은 김수영의 표현을 빌리자면 살아 있다. 살아 있기에 불온하고 불온하기에 불화를 일으킬 수밖에 없다.

이러한 점은 문학의 어느 계파에도 속해 있지 않았던 선생님의 면모에서도 감지된다. 그런 신대철 시인에게 백석문학상과 박두진문학상에 이어 시집 『바이칼 키스』에 김달진문학상과 조지훈문학상이 최근 수여됐다. 분명 신대철 시인에게 주어지는 문학상은 어떠한 정치적 의도도 배제된 채 오로지 그의 작품성만이 판단 기준이 되는 것임을 확신한다.

3.

첫 시집 『무인도를 위하여』의 놀라운 데뷔 이후 잘 알려진 대로 신대철 선생님은 긴 침묵의 기간을 갖는다. 그러나 시인의 언어는 외부로 발설되지 않았을 뿐, 그의 마음속에 밀도 있는 층위를 형성하면서 이십삼 년 후의 큰 결실을 준비하고 있었다. 침묵이라기보단 묵언 수행의 과정이었다고 보는 것이 옳겠다. 선생님은 1978년 원양어선을 타고 다른 나라로 떠나보겠다는 마음이 들 정도로 돌파구가 필요했다. 불현듯 악몽으로 다가오는 고통의 실체를 객관적으로 보기 위해서라도 선생님에겐 이 땅을 벗어나는 일이 절실했는지도 모르겠다. 여행 자유화가 이루어지지 않을 당시이니, 원양어선에 승선하는 것이 유일한 탈출구였을지도 모르겠다. 상당히 엉뚱한 생각처럼 여겨지지만, 선생님 본인에게는 실존의 문제로 다가왔을 법하다. 원양어선에 승선은 못 했지만 일 년 후 그 아쉬움을 달래주는 계기가 마련되었다. 선생님은 1979년 아이오와 국제창작프로그램 한국 대표로 참가하게 되었는데, 이는 선생님의 인생에 큰 변화를 몰고 온 시발점이 되었다고 할 수 있다. 선생님은 비로소 조국을 떠나 객관적으로 자신의 고통과 분단된 조국의 실체를 들여다볼 기회를 갖게 된 것이다. 선생님의 표현대로 조금씩 자신의 고통을 이해하기 시작한 계기가 된 것이었다.

세계 도처에서 몰려온 문인들과의 교류와 셔우드 앤더슨, 포, 마크 트웨인, 로버트 프로스트, 헤밍웨이 등의 족적을 찾아 나선 여행은 일종의 정신적 완충 작용의 역할을 했고, 보다 큰 틀에서 세계 시민으로서 조국을 바라볼 수 있는 기회를 제공했다. 얻은 결론은 약소민족으로서의 대한민국의 위상이었지만, 서서히 개인의 고뇌를 털고 분단된 조국을 위해 시인으로서 할 수 있는 일이 무엇일까를 본격적으로 고민하게 만드는 계기가 되었다고 할 수 있다. 선생님은 "비무장지대 아무 갈대숲 속에 들어가/ 갈대를 모조리 쓰러뜨리고/ 개처럼 뒹굴고 싶었다"라는 시 구절처럼 인간적 진실에 괴로워했던 지난 과거를 뭉개버리고 싶은 충동에 전율하기도 하지만, 또한 한 흑인 할머니와의 만남을 통해 인간의 고향인 아프리카와 마주하게 되면서 시원으로의 상상력은 속도를 내기 시작한다. "내 영혼은 지금 아프리카에서/ 그대에게 가고 있다." 이때부터 국내외를 막론하고 선생님의 본격적인 탐색의 인생이 시작된다.

그 탐색의 궤적은 시인 박두진 선생님과의 수석 탐사로, 필자와의 백두대간 탐사를 필두로 한 시원으로의 여행으로, 그리고 알래스카, 몽골의 초원과 고비사막 등의 극지 체험으로 이어졌다. 한 가지 궁금한 점은 수백 편의 수석 시를 쓴 박두진 선생님과는 달리 신대철 선생님은 그 귀한 탐석 체험을 통해 단 한 편 「서시」만을 남겨놓았다는 것이다. 산늪에서 마주친 눈에 보일 듯 말 듯한 끈끈이주걱 같은 식물에도 애잔함을 느끼시던 선생님에게 수석은 너무 선적이고 관념적인 대상으로 다가왔기 때문일까? 1990년 선생님은 안식년으로 얻은 귀중한 일 년을 오로라가 휘몰아치고 화산재가 흩날리는 알래스카의 혹한 속에서 보냈다. 그 극한 체험은 마침내 「극야」와 같은 통일을 다룬 위대한 시를 건져 올렸다. 정치적으로 복잡하게 얽힌 통일이라는 주제를 이렇게 서정성을 기반으로 한 내러티브로 명쾌하게 풀어낸다는 것은 이역만리에서의 북한 사람과의 조우가 아니었으면, 선생님만의 그 뜨거운 체험이 아니었으면 불가능했을 것이다. 마침내 선생님은 얼음 땅 알래스카에서 금강과 개마고원에서 동시에 떠오른 상상의 해를 보았던 것이다.

 필자가 동반한 여행은 한반도의 오지를 거의 샅샅이 뒤지는 탐사였다 해도 과언이 아니었다. 선사시대 암각화를 찾아 울주 천전리, 반구대를 비롯 경북 고령 지역을 드나들었고, 공룡 발자국을 찾아 경남 고성, 경북 칠곡, 전남 우항리를 떠돌았다. 마치 고고학자의 탐사 여행을 방불케 했다. 태백 지역은 이웃 마실 다니듯이 드나들었는데, 한강 발원지 검용소를 비롯 폐광촌과 협곡을 찾아 떠돌았다. 대암산 용늪, 지리산 왕등재늪, 천성산 늪 등 산늪을 찾아 지질학자처럼 탐구 여행을 하기도 했다. 그러나 무엇보다 신대철 선생님의 관심은 백두대간을 걷는 일에 있었다. 민족의 척추라고 할 수 있는 백두대간은 시인에겐 곧 통일의 맥을 짚어보는 일에 다름 아니었다. 시간만 나면 구룡산을 중심으로 경북, 강원도를 들락거렸다. 그러나 그저 산을 타는 것만은 아니었다. 비탈에 밭 부쳐 사는 화전민촌이나 전설로 내려오는 이야기를 가진 바위, 토굴을 찾아다니며 사람의 온기를 확인했다. 그러한 탐사는 자연히 같은 핏줄을 대고 있는 북한에 대한 관심으로 이어져 금강산, 백두산, 그리고 개성을 넘나드는 탐방으로 이어졌다. 그 수많은 시간 동안 선생님은 늘 때를 기다리는 현자처럼 보였다. 필자는 하나를 보고도 열 가지 글 쓸 거리를 찾느라 분주했지만 선생님은 열 가지를 보고도 한 편의 시도 쓰지 않을 때가 많았다. "아직은 때가 안 됐어. 몸속에 좀 더 기운이 돌아야 해"를 반복하실 뿐이었다.

　선생님은 동시에 몽골의 초원과 고비사막, 시베리아를 횡단해 바이칼 호수를 오가며 우리 민족의 맥을 짚는 범위를 확장해 나갔다. 현재 국내에서는 백두대간의 곁가지라 할 수 있는 정맥을 타고 있다. 결국 선생님의 궤적은 바이칼, 몽골을 거쳐와 대간을 타고 정맥을 흘러 국토 구석구석에 미치는 민족의 혈을 따라 움직인다고 할 수 있다. 이 모든 발자취에서 분단된 조국의 결핍의 공간을 시로 채워 넣으려는 시인의 열망을 읽을 수 있다. 시인에게 중요한 것은 국가 간 이데올로기가 아니라 민족의 핏줄 아니던가.

4.

문학인이 시대의 지사로서 민족의 나아갈 방향을 제시하고 온갖 억압으로부터의 자유를 설파할 수 있는 시대는 지났다고 본다. 급격하게 무너진 냉전 체제 이후 사회의 패러다임은 더욱 급격하게 변했다. 요즘은 아버지 없는 세상 같다는 느낌이 든다. 문학 작품의 내용과 형식이 자유로워지긴 했지만 동시에 가벼워졌다. 문학인이 저런 내용과 드잡이를 해야 할까라고 의문이 드는 작품이 많아졌다. 물론 문학이 이 세상의 온갖 질곡을 걸머지고 가야 한다는 법은 없다. 그러나 반대로 문학이 낮은 곳을, 결핍된 부분을, 정의롭지 못한 부분을 지적해 주지 않는다면 누가 그 일을 할 것인가? 문학이야말로 정치와 이해관계로 얽혀 있지 않기에, 김현의 말처럼 "써먹을 수 없기에" 시류와 야합하지 않고 올곧은 목소리를 낼 수 있는 것 아니겠는가. 군부독재 시대에도 목소리를 높였던 것이 바로 문학인 아니었던가.

군부독재는 갔다. 어찌 보면 문학인의 입장에선 적이 하나 사라진 셈이라고도 볼 수 있다. 그러나 우리는 여전히 분단된 조국이라는 결핍을 공유하고 있다. 이 시대 문학인들은 그러나 그 결핍에 대해선 별 관심이 없는 듯하다. 많은 수가 인간성마저 소비되는 소비사회의 현실에 현미경을 들이대고 있다. 신대철 선생님은 언젠가 이런 얘기를 한 적이 있었다. 이 시대에 시인이 마땅히 해야만 하는 것이 통일의 담론을 형성하는 것 아니겠냐고.

그런 점에서 신대철 시인은 통일의 시인이라고 과감히 말할 수 있을 것이다. 사실 첫 시집 『무인도를 위하여』에서만 해도 모든 시선은 시인의 독특한 산 체험에 집중되어 있었지 「X」나 「우리들의 땅」과 같은 통 큰 서사의 골격을 담은 대담한 분단 의식의 시에 대해서는 언급도 없었다. 그러나 치열한 분단 의식과 그것을 극복하기 위한 열망을 언급하지 않고 신대철 선생님을 이해한다는 것은 어불성설이라 할 수 있다. 선생님의 분단에 대한 의식은 그 분단을 정치적으로 이용했던 군부독재 시절에 아픔을 겪은 사람들을 비롯하여 극지를 떠돌다 마주친 북한 사람들, 그리고 초원에서 자연과 하나 되어 살아가는 자연인을 통해서도 드러날 만큼 스펙트럼이 넓다.

선생님의 이러한 의식은 두 번째 시집 『개마고원에서 온 친구에게』의 알래스카에서 만난 북한 사람 박평식 씨나, 삼청교육대에서 도망 나와 알래스카까지 흘러들어 '샘 앤드 리'라는 식당을 차린 김형용 씨 등과의 만남에서 드러나 있고, 세 번째 시집 『누구인지 몰라도 그대를 사랑한다』에서는 북파공작원, 몽골에서 마주친 북한 전쟁고아수용소나 북한 벌목공, 그리고 실미도 시편 등을 통해 그 실체를 더 뜨겁게 드러낸다. 네 번째 시집 『바이칼 키스』에서는 "바이칼에선 누구나 한 영혼"이란 시구에서도 드러나듯이 이데올로기를 버리고 민족이라는 이름까지 버리고 "우리가 있기 전에 우리가 오고/ 우리가 있기 전에 우리가 그리워한 곳"이라는 시원의 장소에서 하나의 영혼으로 만나기를 원하는 통일의 메타포를 만나게 된다.

마침내 선생님은 사람이 살기에 최악의 조건이랄 수 있는 고비사막에서 "악취도 향기"라는 일상의 진리를 체득하면서 자신을 괴롭히던 개인적 고뇌를 벗어나 "종교로 해결하기 어려웠던 것들"의 해법을 자연스레 익히게 된다. 머리로 해결되지 않던 부분을 몸으로 부딪치며 넘어선 것이다. "사람이 없는 곳은 사막이 아닙니다. … 살기 위해 견딜 수 있는 데까지 견뎌보지 않으면 모래구릉밖에 보이지 않습니다. … 삶이란 모래와 풀과 바람에 길들여지며 굴러다니는 거지요. 악취도 향기지요." 결국 신대철 선생님의 시 세계는 대간으로 상징되는 정신이 뻗어가는 서사적 골격과 정맥으로 상징되는 정서가 스미는 서정성이 조화를 이루는 구조를 가지고 있다고 할 수 있다. 물론 그 구조는 인간을 향해, 민족의 통일을 향해 열려있는 구조이다.

5.
며칠 전 신대철 선생님의 아버님이 돌아가셨다. 화장을 하고 가묘가 있는 선산으로 이동했다. 선생님은 가묘의 위를 파서 납골을 묻고는 조용히 그러나 무엇인가가 복받치는 모습으로 두 번 절을 하셨다. 가난을 물려주고 정처 없이 떠도셨다던 아버지가 영원히 모습을 감춘 것이다. 선생님은 어릴 적 흘려 다녔던 꾀꼬리봉을 올려 보시다가 말을 이었다. "요 아래 바로 내 가묘도 있었는데 없애버렸지. 다 옛날 사람들 생각이야. 이렇게 살아 돌아다니는 사람한테 묘가 있다는 게 이상하잖아…?"「높은 강 1」에 등장하는, 아홉 살밖에 안 되었을 때 자신이 묻힐 무덤 자리의 모습을 본 순간 선생님이 느꼈던 "무섭고 이상한 아픔"이 전해져 왔다. 세상에 태어나 처음 죽음의 그림자를 직감했을 순간 아니었겠는가.

  이제 아버님도 가셨고, 본인의 가묘도 사라졌다. 원죄처럼 자리하던 결핍과 공포의 자장으로부터 선생님이 아주 멀리 벗어날 수 있을 것처럼 생각되었다. 한 인터뷰에서도 밝혔듯이 앞으로 선생님은 홀가분한 마음으로 밝은 시를 쓰게 될 것 같다. 상처를 감싸고 희망을 틔우는 시들을.

* 『서정시학』 2008. 여름.

백두대간 길

손필영

    1994년 가을이었을까? 신대철 교수님께서 시창작 수업을 시작하셔서 나를 비롯한 여러 사람이 모여들었다. 그날 북한산 자락에 있는 국민대학교 북악관의 환하게 불이 켜진 복도에 어린 솔부엉이가 들어왔다. 솔부엉이를 날려주면서 내가 자연과 같이 지내고 있다는 생각이 들자 도시 생활에 익숙한 정서가 흔들리기 시작했다.
    한 일 년쯤 시를 배우는 동안 자연과 사물에 대한 구체적인 체험을 갈망하게 되었다. 시창작반 사람들이 선생님과 처음으로 태백산 앞 고래등산장 앞에 차를 두고 새벽 기운을 받으면서 태백산을 올랐던 날이었다. 백두대간, 태백산, 신새벽 새소리. 모두 너무나 흥분되어 어둑어둑한 기운에 감싸인 나무를 보고 감탄하며 찬 새벽 공기에 빠져 있었다. 천제단에 올라 서로의 얼굴을 확인하는데 두 사람이 보이지 않았다. 순간 선생님께서는 잃어버린 여학생 둘을 찾으러 산을 뛰어 내려가셨다. 다른 한 사람도 같이 뛰어 내려갔다. 갈림길이 있는 산길에서 새벽 어스름에 어디에서 길을 잃었을지 모르는 두 사람을 찾는다는 게 쉽지 않을 것 같아 나머지 일행들은 걱정을 하면서 기다렸다. 시간이 얼마 지나지 않았는데 선생님께서는 두 사람을 앞에 세우고 돌아오셨다. 같이 갔던 젊은 사람은 선생님께서 한달음에 산 밑에까지 뛰어 내려가셔서 쫓아가기가 어려웠다고 했다. 원래 산을 잘 타시는 분이라는 것은 알았지만 제자를 찾아야 한다는 일념으로 순식간에 복잡한 산길을 한 줄로 줄여 여학생들을 찾아오신 것 같았다. 그 학생들은 자신들이 다른 길로 가는 줄도 모르고 이야기 속에 갇혀 걸었을 것이고 혼비백산한 선생님에 비하면 그들은 무슨 일이 일어났었는지도 모른 것처럼 편안하게 일행 속으로 들어왔다.

 우리의 산 여행은 이렇게 시작되었다. 제일 먼저 태백산 주변을 오르면서 머물렀던 지역들. 내 첫 시집 앞에 썼던 말. "영월, 태백, 고한, 만항재, 검은등뻐꾸기… 이름만 들어도 가슴이 뛴다. 통리협곡을 울리고 가는 새소리처럼 아프게. 야생화도 누렁소도 날개 달린 빗방울도 가슴에 들어왔다." 나는 아침 햇살 따라 내려오던 백두대간 산줄기를 오르면서 비로소 이 땅의 말을 배우고 시라는 걸음을 겨우 떼기 시작했다.

어느 해 이월에 산늪 중에서는 제일 북쪽에, 그리고 가장 높이 있는 대암산 용늪을 다녀온 적이 있다. 용늪은 꽝꽝 얼어 있었고 얼음 박힌 비무장지대의 막사와 병사들을 보았다. 육이오도 겪지 않고 군대도 가지 않았던 내가 생각했던 관념적인 분단을 현실로 눈앞에서 볼 수 있었다. 통문을 지나 육로로 군사분계선을 지나 금강산을 올랐던 일. 상팔담 앞 구룡폭포와 만물상 앞에서 시화전을 했던 일. 북쪽 안내원들에게 시를 설명하면서 떨리는 마음을 감추면서 아름다운 화인을 찍기도 했던 일. 지금 생각하면 꿈같다.

백두산 천지 물막을 건너 내려와 자작나무가 많은 서파에서 남파를 보며 저 아래 개마고원을 지나 다시 백두산에 올라 남파에서 이곳 서파를 볼 것을 상상하기도 했다. 만주벌판을 달려와 두만강이 시작되는 작은 샘물에서 북쪽 사람을 만나기로 한 날의 초조함과 설렘은 살아온 시간을 하나의 마침표로 찍는 듯했다. 그러나 갑작스러운 중국의 국경 폐쇄로 만날 수 없었다.

백두대간을 오르며 정맥을 걸으며 잠시 있다가 사라질 공간인 내가 이 땅에서 시를 쓴다는 것이 무엇인지 이제 말할 수 있게 되었다. 아직도 산과 사물과 언어를 배우고 있으므로 서툴지만 그동안 오르내렸던 산을 대간을 정맥을 이을 수 있다면 언젠가는 정맥을 걸어 대간을 타고 신의주로 만주로 올라갈 수 있을 것이다. 우리가 걸었던 대간길과 정맥길은 어떻게 보면 신대철 교수님의 숨결을 이어받은 빗방울화석 동인들의 숨길이었을 것이다. 다시는 걸을 수 없는 나의 인생에 가장 아름다웠던 길이었으리라.

낙남정맥에 맺힌 작은 열매

손필영

낙남정맥 김해 구간을 여럿이 같이 올랐다가 혼자 진주 사천 지역으로 갈 때였다. 안개를 벗어나지 못해서일까? 태봉산 줄기인 실봉산을 가려다가 마을에서 길을 잃어버렸다. 실봉산은 마을 뒷산이었고 어디로 올라가야 정맥 줄기로 이어지는지 산길을 찾기 어려워 같은 지역을 십수 번을 오르내렸다. 감나무 과수원을 지나면 길은 처음으로 돌아와 있었다. 밤이 입 벌린 골짜기를 가로질러서 다른 길로 들어선 줄 알았어도 다시 제자리로 돌아왔다. 아침 해부터 걸으려 했던 낙남정맥 줄기는 마을에 묻혀 나타나질 않았다. 오후가 돼서야 겨우 정맥길을 올라 걸었다. 걸으면서 이렇게 잘 드러나지도 않은 정맥길을 오르는 이유가 무엇인가 생각해보았다. 무엇 때문에 나는 누군가의 고향 뒷동산을 맴돌았을까? 탱자나무 울타리 가시도 나를 찌르는 것 같은 낯선 곳을. 대간을 걸을 때는 어디를 걸어도 이어져 뻗어가는 산줄기와 물결치듯 겹겹이 출렁이는 능선들로 마음과 몸이 떨렸는데.
　특별히 아름답지 않은 정맥길을 맥없이 걷다 해 질 녘에 바리재를 지나 171봉과 정동 마을 사이에 진양호를 만들기 위해 가화천을 인위적으로 흐르게 하고 세운 유수교를 지나면서 그 이유를 알았다. 길이 다리를 건너는 상황, 능선이 끊어져 물이 산을 건너고 있었다. 자연의 흐름을 끊고 인위적으로 길을 내고 물길을 바꾸는 발전이라는 이름의 이중성을.
　이 이중성은 또 다른 본능을 감추고 있는 것인지도 모른다. 진주를 지나고 있다는 것은 아침 기상나팔 소리에 일어나 구보하고 유격하고 기합받는 건너편 능선 밑에 아들이 있다는 것을 의미하는지도 모른다. 내가 걸어온 정맥과 걸어갈 길을 아들에게 지우지 않기를 바라면서도 아들을 향해 몸이 기울어진다. 솔티재를 넘어서 트럭이 길 위에 군데군데 쏟아놓은 나락을 허리 굽은 할머니가 허리 펴듯 길게 늘어놓는 모습이 보였다. 식솔들 떠나고 혼자 남은 길이 물 위에 흔들리는 것 같았다.
　어스름 저녁에 진주 중앙시장에 지리산 천왕(皇)봉이 바라보인다는 천황식당에서 국밥을 먹었다. 초등학교 때 썼던 책상보다 조금 큰 나무 식탁에 둘러앉은 사람들 중 한 사람이 밥을 먹다가 일어나 「진달래꽃」을 낭송했다. 그러자 그 옆 사람이 자신이 지었다는 「못」이라는 시를 낭송했다. 자신을 못처럼 쇠망치가 와서 자꾸 두드린다는 내용이었다. 인생이 순탄치 않은 모양이었다. 누구나 인생이 그렇지만 시를 들으면서 가슴이 아팠다. 그들 사이에서 시 얘기가 나왔나 보다. 그런데 저쪽 한구석에서 한 여성이 일어나 서정주의 「무등을 보며」를 낭송했다. 가난은 한낱 남루에 지나지 않는다는 것을 공유하는 듯했다. 다시 이쪽의 남자 분이 「논개」를 낭송했다. 남강의 의분을 진주 사람이라면 언제나 가슴에 품고 있는 듯했다. 누가 주최한 것도 아닌데 식당은 잠시 시 낭송장이 되어 모두에게 시심을 불러일으켰다. 특히 아침부터 지쳤던 나에게는 돌아갈 길의 피곤함도 잊게 했던 감동적인 순간이었다. 유서 깊은 진주는 시를 좋아하는 분들이 많구나, 요즘은 많은 사람들이 시를 읽지 않는데 이곳에서는 아직도 시를 낭송하다니. 가슴이 먹먹하기도 하고 벅차기도 했다.

　이름을 붙일 수 없는 감동이 정맥길에 달려 있었다. 정맥길은 거대하거나 웅혼하지는 않아도 어디에서 오르든지 사람을 품고 있어 나뭇가지마다 달린 작은 열매 같아 빛을 잃은 지난한 일상도 잠시 환하게 머무르게 한다.

최소한으로 소비하고 최대한으로 존중하기

손필영

　첫눈이 왔다. 지역마다 다를지라도 대설을 지나면서 지금쯤 어디든 첫눈이 왔으리라. 첫눈은 일상에 쫓겨 바쁘게 살면서 잊었던 '나'를 잠시 떠오르게 한다. 어릴 때 몸에 닿자마자 녹는 차갑고 하얀 물질을 신기하게 여겼던 순간도. 그러나 지금은 이 첫눈을 아이도 어른도 예전같이 가슴 떨리는 순간으로 맞이하지 않을지도 모른다. 차가워진 날씨 때문에 곳곳에 굴뚝을 타고 오르는 연기가 무겁게 가슴을 누르는 시대가 되었으니까.
　오래전에 심훈의 소설 『상록수』의 배경이 되었던 천곡교회를 보러 안산에 간 적이 있었다. 곳곳에 깎인 산의 절개 면이 잘린 나무뿌리들을 매단 붉은 흙덩어리들로 서 있는 것을 보았다. 설명할 수 없는 슬픔과 복잡한 심경으로 그곳을 떠나 오이도에서 눈이 시리게 내리쬐는 햇살에 마르는 소금밭을 보고 마음 달래며 돌아온 적이 있었다. 그후 세월이 지나고 다시 그곳을 갔는데 그 흔적들은 사라지고 아파트가 줄지어 정렬하듯 서 있었다. 소금밭도 사라졌다. 우리는 이 땅에서 산을 깎아 생활의 편리를 위해 도시를 정비하는 데 모든 시간을 썼을 것이고 우리 몸은 그것을 감고서 살아온 증거가 되었다.

이제 우리가 기억하는 과거의 모습들은 다시 볼 수 없다. 기온상승으로 빙판이 유빙으로 떠내려가 당황한 북극곰이 우는 모습을 TV에서 십여 년 전에는 봤으나 이제는 빙벽이 녹아 쏟아져 바다로 들어가는 모습을 본다. 더 이상 북극은 빙하로 뒤덮인 곳이 아닐 것이다. 많은 사람들이 기후 위기와 인류의 미래 얘기를 하지만 이전부터 예견된 일이지 않았나? 이것을 대비한다고 하면서 또 다른 파괴를 하지 않기를 바라며 소박한 바람을 하나 말하고 싶다.

이것도 오래전 얘기다. 신춘문예에 당선되고 얼마 지나지 않아 갑자기 원고청탁을 받아 강원도 인제 쪽으로 추운 날 여행을 갔었다. 그곳은 얼음이 꽝꽝 얼어 빙판 위에서 빙어 축제를 열고 있었다. 엿장수 가위질 소리도 흥겹게 들리고 사람들은 얼음판에 구멍을 내고 빙어를 줄줄이 잡아 올려 고추장에 찍어 먹으면서 즐거워했다. 너무나 많은 사람들이 모여서 추위도 녹아버리는 듯했다. 그때 사람들 발자국 틈에 빙어 한 마리가 팔딱거리고 있었는데 누군가 그 빙어를 잡아 물속으로 놓아주었다. 구멍 사이로 들여다보니 은빛 고기 떼가 찰랑이는 듯했다. 축제는 축제대로 즐거워야 하지만 생명은 생명대로 살아야 하는 이 혼동을 풀 수 있을까?

 강제적으로 미국 서부의 땅을 사겠다고 편지한 미국 피어스 대통령에게 땅을 팔더라도 땅이 거룩하다는 것을 기억해서 아이들에게 가르쳐야 한다고 말한 인디언 시애틀 추장의 답신은 일찍이 환경운동이나 생태운동을 하는 분들에 의해 자주 인용됐지만 필자에게는 그 답신의 서두를 여는 부분이 아름답게 다가온다. "우리는 왜 이곳에 왔는가? 연어 떼를 구경하기 위해서이다. 올해의 첫 연어 떼가 강물로 거슬러 올라오는 것을 축하하기 위해 여기에 왔다. 연어는 우리의 주된 식량이기에 연어 떼가 일찌감치 큰 무리를 지어 강의 위쪽으로 거슬러 오는 걸 보는 일만큼 우리에게 즐거운 일은 없다. 그 숫자를 보고서 우리는 다가오는 겨울에 식량이 풍부할 것인가를 미리 안다. 오늘 우리의 마음이 더없이 기쁜 까닭은 그 때문이다. 수를 헤아릴 수 없을 만큼 많은 연어 떼가 햇살에 반짝이며 춤추는 것을 우리는 우리의 눈으로 직접 보았다. 또 한 번의 행복한 겨울이 우리를 찾아올 것을 짐작한다"는 내용이다. 돌아온 연어 떼를 보며 겨울 식량이 준비되었으므로 행복한 겨울이 다가올 것을 예감하는 모습은 순수한 생존을 위한 기쁨을 담고 있어 감동적이다. 산란기가 되어 태어났던 곳으로 돌아와 알을 낳고 숨을 거두는 연어를 식량으로 긴 겨울을 보내는 동안 이들은 감사와 기쁨을 동시에 느꼈을 것이다. 먹을 것이 있어 기쁘고 태어났던 곳으로 돌아온 연어들이 많아서 감사하는 마음에는 연어 한 마리 한 마리가 얼마나 소중했을까?

겸손한 마음으로 먹고 산다면 이중성의 혼동에서 벗어날 수 있을 것이란 생각이 든다. 어쩔 수 없이 산을 깎아야 하고 먹고 살아야 한다면 그 생명들을 기억하며 최소한으로 소비하고 최대한으로 존중하는 것이 겸손한 마음일 것이다.

내가 보기에 당신들은 그저 땅을 파헤치고 건물을 세우고 나무들을 쓰러뜨릴 뿐이다. 그래서 행복한가? 연어 떼를 바라보며 다가올 겨울의 행복을 짐작하는 우리만큼 행복한 것인가?

―「시애틀 추장 연설」, 『어떻게 공기를 팔 수 있다는 말인가』,
워렌 제퍼슨 외 엮음, 이상 옮김, 가갸날, 2015.

---

*   「이타적 유전자」, 『전남일보』, 2022. 12. 8.

아직도 지평선을 걷고 있다

손필영

　몽골은 고도가 높은 곳이다. 뭉게구름이 그림처럼 움직이지 않고 가만히 떠 있을 땐 도시도 자연의 일부가 된다. 워즈워드는 런던이 가장 아름다운 순간은 배, 탑, 둥근 지붕, 극장, 사원들이 들판과 하늘을 향할 때라고, 다시 말하면 문명의 심장이 멈추는 순간이라고 노래(『웨스트민스터 다리 위에서』)했는데 나는 운 좋게도 언제나 자연의 일부로 돌아오는 몽골 울란바토르에서 육 개월을 지냈다. 지난가을부터 봄이 오는 시간까지 얼어붙은 울란바토르에 머물면서 많은 꿈을 꾸기도 하고 지우기도 했다. 지나고 나니 추위도 칼바람도 아름다웠다. 지금쯤 몽골은 나담 축제로 도시는 텅 비어 있을 것이고 그곳에 사는 이들은 모두 혹독한 겨울을 잊어버리고 갖가지 야생화와 타오르는 초록빛에 들떠 있을 것이다.

몽골은 시월 초면 첫눈이 내리고 유월이 되어서야 얼음이 녹는다. 자연환경은 아름다워도 몽골은 혼자 생활하기엔 겨울이 길고 무섭다. 차 고장으로 사막 한가운데 서 있기만 해도 동상에 걸리거나 돌이킬 수 없는 일을 당한다. 영하 사십오 도. 바람이 불면 체감 온도가 더 내려간다. 도시도 영하 이십 육 도는 기본이다. 잠시 걸어도 뼛속 깊이 냉기가 스미는데 집 안에 들어와도 여간해서 풀리지 않는다. 그러므로 극한 상황 속에서 꽁꽁 언 시간을 보내고 맞이하는 봄은 환희일 수밖에 없다. 그래서인지 여름이 되면 많은 사람들은 도시를 떠나 초원에서 산다. 도시에서 일을 해야만 하는 사람들도 외곽 지역에 여름집을 준비하고 그곳에서 출퇴근을 한다.

몽골은 도시건 시골이건 중심 지역을 조금만 벗어나면 초원이다. 고비사막이 너무 유명하여 '몽골' 하면 땅 전체가 사막인 줄 알고 있지만 풀 한 포기 없는 모래사막은 고비 지역 일부와 서북부 산지 주변 지역이고(몽골 총면적의 1.96퍼센트) 대부분 양 떼 말 떼가 풀을 뜯는 초원과 산림지대(중부와 북부)이다. 서몽골 쪽은 알타이 산악 지대이고 동몽골 쪽은 아예 구릉 하나 없는 초원 지대이다. 도르노드 평원과 메닝 평원에 들어서면 하루종일 초원을 달려도 지평선만 보인다. 그 끝없는 지평선 끝에서 주몽이 묵거, 무골, 재승 등 세 사람을 만나고 떠난 할힌강(『삼국유사』)을 보는 일은 온몸이 설레기도 하고 아프기도 하다. 북부여 주거지가 있는 곳에서 바로 1939년 할힌골 전투가 벌어졌기 때문이다.

　몽골은 어딜 가나 한곳에 집중하기 어려운 곳이다. 지평선만 바뀌면 다시 다른 자연환경에 빠지게 만든다. 구름도 달라지고 초원의 빛도 달라진다. 몽골에 처이넘 같은 반체제 시인보다 야워홀랑이나 첸덴돌즈, 이스 돌람 같은 자연 시인들이 더 많은 것은 변화무쌍한 자연환경 때문일 것이다. 처이넘까지도 몽골의 아르항가이를 세계의 아름다움을 다 모아놓은 곳(「흑화」)이라고 칭송하고 몽골을 대표하는 시인 나짝도르찌도 몽골의 지역적 특성을 살려 자연환경을 아름답게 노래하면서 전 몽골을 고향(「고향」)이라고 부르고 있다. 몽골의 자연환경은 극에서 극이다. 가을에서 봄까지는 어디를 보나 황량한 흙덩이 구릉뿐인데 날씨가 풀리면 그곳에서 할미꽃, 붓꽃, 라벤더, 작약, 아기별꽃 그리고 이름 모르는 풀꽃들이 돋아나 저마다의 향기를 내뿜는다. 초원에 앉아 있으면 허브 향기가 은은히 몸속으로 스며든다.

　생활환경 때문인지 몰라도 몽골 사람들도 이 풀꽃들처럼 강한 생명력을 가진 것 같다. 이들처럼 삶의 강약에 잘 적응하는 민족도 드물 것이다. 그들은 겨울은 겨울대로 인내하며 견디고 여름은 여름대로 즐긴다. 그들의 삶의 지혜는 오랫동안 자연에 순응하면서 얻은 것이다. 겨울을 대비한다 해도 몰아치는 가혹한 환경을 어떻게 감당할 수 있었겠는가? 사람도 견디기 어려운 그 환경에서 가축들을 어떻게 보호할 수 있었겠는가? 자연 속에서 살아남으려면 자연에 기대어 살 수밖에 없는 것이다.

몽골 사람들이 자연에 기대어 산다 해서 문화생활을 하지 않는 것은 아니다. 몽골 사람들은 노래를 잘하고 좋아한다. 또 누구든지 춤도 잘 춘다. 달란자드가드에서 다섯 시간 차를 타고 홍고린엘스라는 모래사막을 갔을 때 같이 간 몽골 시인 바기와 통역해주던 셔울떠는 오며 가며 쉬지 않고 노래를 불렀다. 연말에 예술인을 위한 파티 때도 이브닝드레스를 입거나 정장을 입은 예술인들이 춤을 멋지게 추는 것도 보기 좋았지만 손님들의 코트를 걸어주던 아주머니가 무대 한가운데에서 열정적으로 춤을 추는 것도 인상적이었다.

3월 10일 '어머니날'은 아내와 어머니를 위해 남편과 아이들이 집안일을 한다. 그날은 어머니인 여성 시인을 위한 시 낭송회가 오페라하우스에서 열리고 방송국 중계를 통해 시청자들도 시 낭송을 즐긴다. 시인이 바뀔 때마다 최고의 가수나 앵커들이 나와 축하 노래를 부르고 시가 낭송되는 동안에는 뒤에서 무용수들이 춤을 추기도 한다. 이들은 시를 무척 사랑하는 것 같다. 지난 십이월에 러시아 국경으로 올라가는 기차 안에서 만난 할아버지는 사십 년간 철도를 타고 달렸다고 하는데 시를 좋아해 바기의 시도 잘 안다고 했다. 몽골 사람들은 시도 즐긴다. 노래를 즐기듯이. 그래서인지 이들은 자유롭다.

누구나 만나면 쉽게 아주 친한 사람처럼 즐겁게 오랫동안 이야기를 나누다가 자신이 내려야 할 때가 되거나 가야 할 시간이 되면 미련 없이 간다. 바람처럼.

몽골에서 자연보다 예술을 즐기고 싶다면 '제나도Xenado'에 가면 된다. 그곳은 개인 갤러리인데 한 달에 두세 번 정도 전시를 바꾸면서 화가들에게 전시비용 대신 그림을 받는다. 그림을 보러 가면 전시 중인 화가와 그 친구들이 모여 있어 언제나 누군가를 만날 수 있다. 전시가 바뀌어도 그 얼굴이 그 얼굴이다. 또한 매주 토요일 오후 3시에는 독립영화를 상영하는데 다양한 장르의 예술가들이 모여 영화와 자신의 예술 세계를 나누고 다른 나라에 초청되어 갔다 온 이야기를 나누기도 한다. 유럽에서 온 예술가 몇몇은 항상 그들과 어울려 지낸다. 그곳에서 본 영화 중 인도 영화 〈음악이 흐르는 방〉은 몽골 자연의 광활함과 인간의 소소함에 위축되었던 그간의 생각에 마침표를 찍게 했다. 이들의 예술적 안목과 생에 대한 자세가 대지만큼이나 열려 있었다.

삼월부터 봄을 꿈꾸다가 유월이 돼서야 흡스굴에 갔다. 경상북도만 한 크기의 호수를 보기 위해서 울란바토르에서 차를 타고 이틀을 달렸다. 흡스굴로 가는 두 가지 길 중 아르항가이 어기 호수 쪽을 선택했다. 하루가 다르게 올라오는 연둣빛에 홀려 구름에 실려 가는 듯했다. 흡스굴에 도착하자마자 세 시간 정도 말을 타고 산에 올라 순록을 키우며 생활하는 차탕족을 만났다. 어렸을 때 크리스마스카드에서 봤던 순록들이 나무 그늘 밑에 있었다. 추운 곳에서 이끼를 먹고 사는 순록들이 아래로 내려와서 더운 모양인지 꿈쩍도 안 했다. 자세히 보니 묶여 있었다. 주인은 아침마다 순록을 끌고 산에 올라가 풀을 뜯기고 내려온다고 했다. 관광철이 되면 아래 캠프장에 내려가 경비로 일하면서 순록을 찍는 관광객에게 돈을 받아 산다고 했다. 어디서 왔느냐고 물으니 토화에서 왔다고 했다. 그런데 토화말은 모른다고 했다. 차탕족은 근친결혼에 의해 그 수가 줄어들어 현재 이백여 명이 남아 있다고 했다. 소금을 좋아하는 순록들도 그 수가 줄어가고 있다. 가장 자연과 더불어 자연처럼 사는 이들의 모습도 많이 달라진 듯하다.

그날 밤은 보름 전날이라 호수에 무슨 일이 있었는지 밤새 물새 떼가 울어댔다. 그다음 날 호수에 달이 해처럼 밝고 크게 세 개나 떴다. 하나는 호수에, 하나는 수평선 가까이에, 하나는 하늘에. 달은 점점 솟아오르면서 둘이 되다 하나가 되었다. 어둠이 깔리기 시작했다.

점멸, 가도 가도 끝이 없던 지평선만 남는다.
백팔십 일간의 몽골에서의 시간이 아직도 끝나지 않은 듯 나는 자꾸 지평선을 향해 걷고 있다.

* 한국문화예술위원회, 2011. 8.

나의 시 한 편

손필영

2011년 8월 5일(금), 맑음
다리강가 석인상, 고구려 성터와 제단, 흰 돌 글씨

아침에 일어나 강가로 나가 보니 어수리, 궁궁이, 눈빛승마와 비슷한 흰 꽃들이 호숫가에 아름답게 피어 있었다. 이 흰 꽃들은 꽃 모양이나 색깔은 어수리와 같았지만 잎새들이 더 가늘었다.
　7시 30분에 '새로운 다리강가' 호텔을 나와 고구려 성터로 향했다. 다리강가 수학 교사인 조가르 수렝이 길을 안내했다. 갈수록 모래늪이 깊어 차들이 자주 늪에 빠졌다. 출발한 지 두 시간 만에 고구려 성터에 도착했다. 성터에는 고구려 제단을 비롯하여 인위적인 흔적들이 보였고 아직도 기왓장들이 눈에 띄었다. 한 가지 특이한 점은 여기서 나온 유물들은 한 시대에 국한되지 않고 누대에 걸친 유물들이라는 점이다. 여기서 거란 시대에 사용된 재료도 나오고 하르호린에서 발견된 초록색 장식도 나오고 근대 나무 재료도 나왔다는 것이다.

숨팅 터이럼이라는 지역 이름처럼 주위에는 여기저기 큰 물웅덩이들이 보였고 나문재와 각시풀, 패랭이꽃도 보였다. 10시 40분 고구려 성터를 벗어났다.

고원지대에 오르자 1927년 러시아인이 처음 발견했다는 '사인석인상(왕과 왕비, 아들과 며느리)'과 비슷한 기법으로 빚어진 석인상들이 줄줄 나타났다. 여자 석인상 허리 밑에 벨을 새긴 것이 흥미로웠다.

나랑 솜 줄렉트에 있는 슈두트 흰 돌 글씨를 답사했다. 확실히 읽을 수 있는 글씨는 '靈濟泉', '山胡擒' 등 큰 글씨뿐이었고 자세히 읽으려면 탁본을 떠야 하는데 준비가 되지 않아 안타까웠다. 여하튼 눈에 띄는 '정토'나 '영락 팔 년', '영제천', '산호금' 등과 같은 글귀만 보아도 이 흰 돌은 명나라 삼 대 왕인 영락제의 전승기념비인 것 같았다. 영락제는 1402년 조카를 죽이고 왕으로 등극하여 1410년 몽골 고비사막 원정을 다섯 차례 감행하였다. 전쟁에 승리는 했지만 결국 그는 고비에서 죽었다. 한 가지 중요한 사실은 영락제의 고비사막 원정을 중국에서는 확인할 길 없었는데 몽골 쪽에서 그 증거를 찾아냈다는 점이다.

다시 오늘의 숙박지인 바인델게르로 출발. 도중 나랑 솜 식당에서 점심을 먹고 가기로 했지만 여건이 좋지 않아 동네를 빠져나왔다. 초원길로 들어서자 흰 눈 같은 달래꽃들이 눈부시게 다가왔다. 아무도 말하지 않았다. 어떤 언어도 어떤 감정도 도달할 수 없는 곳에 달래꽃들이 만발하고 있었기 때문에 우리는 그냥 바라보고 있을 수밖에 없었다. 그런데 우리는 우리도 모르는 사이에 달랫빛 눈 속에서 나도 너도 아닌 그의 푸른 소년을, 달랫빛 눈 속에서 나도 너도 아닌 그의 푸른 소녀를 보기 시작했다. 마치 지평선 너머에 그리운 이를 두고 온 것처럼. 우리는 잠시 사랑이나 그리운 감정은 언제나 내 것이 될 수 없었던 시절로 돌아갔던 것일까?

그때 지평선을 넘어 누군가 말을 타고 달려왔다. 웃통을 벗어젖힌, 구릿빛 피부가 아름다운 벌더라는 청년이었다. 나이는 스물두 살, 우레라는 세 살배기 말을 이틀째 길들이는 중이라고 했다. 우리는 떠오르는 대로 물었다. 가족은? 군대는? 그리고 어디서 사느냐, 울란바토르에 가본 적이 있느냐, 라면을 좋아하느냐고 물으면서 우리는 모두 넋 나간 사람처럼 그 청년을 향해 있었다. 그 청년은 무엇이든지 수줍어하며 대답해주었다. 말의 나이를 어떻게 아느냐고 물으니 말의 입을 벌리면서 이빨 네 개가 한 살이라고 했다. 우리는 달래꽃 때문에 잠시 환각 상태에 빠졌던 것일까? 그 환각 상태는 어디서 온 것이었을까? 달랫빛이? 그 청년이?

  우리는 그 청년과 함께 라면으로 점심을 때우고 헤어졌다. 알맹이는 빠져나가고 빈 껍데기만 남는 느낌이었다. 바인델게르 솜에 오자 호텔이 없어 어떤 민가에서 잤다.

  말을 타고 언제부터 달려왔을까?

  하얀 달래밭 천지에서
  햇볕이 태우고 바람이 조각한 청년이 말에서 내린다
  온몸에 숨겨 넣은 미소가 새어 나온다
  흙을 막 뚫고 올라온 듯한 기운
  수줍은 말소리

  허리 굵은
  내 소녀가
  넘어온 지평선을 지우고
  말의 이름과 나이를 묻는다

  꼬리 흔들지 않고 세 살 우레는
  뒷다리를 꼰 채 우리를 바라보고 있다

  바람이 불어오는 동안

쌉쌀한 허브향이 스며든다

기념사진을 찍어본다

누군가 그의 팔을 소녀의 어깨에 걸친다

그의 손은 마음을 감춘 듯 오그리고

그의 마음을 따라 흐르던 어깨 위에서

지평선이 떠오른다

지평선을 몇 번 바꾸어도

달래밭 따라 말발굽 소리가 울려온다

—「하얀 달래밭에서」 전문.

*   산문 부분은 「한몽 학술답사 보고서」.

모든 인간은 대륙의 한 조각, 전체의 일부

손필영

집 근처 야산에 올라가다가 도로 옆에 날개를 펴고 웅크린 비둘기 한 마리를 보았다. 눈을 들여다보자 나를 똑바로 쳐다봐서 아픈 것 같지는 않았으나 걱정이 되었다. 공교롭게 나는 아파서 다리를 못 쓰는 강아지를 안고 있어서 도움을 줄 형편도 아니었다. 누군가가 발견한다면 비둘기는 많은 균에 감염되어 있어 맨손으로 안고 이동하기에 부담이 될 수도 있을 것이라는 복잡한 생각을 하며 발걸음을 옮겼다. 집으로 돌아갈 때 다시 보니 비둘기는 그 자리에 없었다. 날아갔으리라 생각하며 마음의 무게를 덜었다. 김광섭의 「성북동 비둘기」라는 시는 우리나라에서 중등교육을 받은 사람들은 누구나 알고 있다. 대부분 그 시를 문명을 비판한 시로 기억하고 있을 것이다. 성북동 산에 번지가 새로 생기면서 원래 살던 비둘기만이 번지가 없어졌다고 시작하는 이 시는 섬세하게 읽어보면 도시가 개발되고 자연이 파괴되면 자연은 그 본질이 변할 것이라는 걱정의 시선이 드러난다. 시의 끝부분에 시인은 "사람 가까이서 사람과 같이 사랑하고/ 사람과 같이 평화를 즐기던/ 사랑과 평화의 새 비둘기는/ 이제 사랑과 평화의 사상까지 낳지 못하는 쫓기는 새가 되었다"고 말한다. 개발과 파괴로 자연의 본질이 바뀌어 전혀 다른 존재가 될 것이라는 안타까움은 삼십 년이 지나자 엄연한 사실이 되었고 지금은 평화를 상징했던 비둘기는 너무나 다른 이미지를 지닌 회피의 대상이 되었다. 시가 쓰인 1960년대 중반의 성북동은 창경궁, 창덕궁을 둘러싼 성벽에 기댄 성 밖 마을이었는데 개발로 산이 깎이고 집들이 들어서기 시작한 곳이다. 그 이후 우리나라 곳곳의 산은 깎이어 골프장과 아파트로 채워졌고 도시는 재개발과 재건축으로 먼지와 소음으로 가득 차 있다.

  사람을 위한 편안한 환경들은 자연에 기대어 사는 생명들에게 변화를 강요한다. 그들 중 인간에게 길들여지지 않은 생명들은 조금 더 바이러스에 강할지 모르나 인간과 가까이 사는 생명들은 바이러스에 약하고 바이러스를 옮기는 숙주가 되기도 한다. 지구의 모든 사람들을 고통에 몰아넣은 지금의 코로나바이러스도 숙주가 무엇이든 간에 인간의 지나친 파괴와 욕심에서 기인했다고 보고되고 있다.

다시 비둘기 얘기로 가보자. 산에서 쫓겨난 비둘기들은 도시에서 고가도로나 육교 밑에서 산다. 그곳은 매연과 미세먼지로 가득한 곳이다. 당연히 비둘기를 포함한 그곳의 모든 생명은 면역력이 약해져 병에 걸리거나 보균 상태가 될 것이다. 미세먼지가 모든 생명에 치명적이라는 것은 호흡기뿐만 아니라 치매나 뇌질환에도 나쁜 영향을 준다는 점을 통해서도 잘 알고 있다. 최근 스웨덴의 한 연구는 미세먼지를 줄이면 치매 환자의 오 퍼센트를 줄일 수 있다고 발표했다. 미세먼지의 원인이 인간에게 있지만 미세먼지나 초미세먼지에 의해 병에 걸린 비둘기나 고가 밑에 사는 생명체들을 기피의 대상으로 보는 것이 우리의 일상이 되었다.

하루가 다르게 부동산값은 치솟고 발 빠른 사람들이 매일 개발 현장으로 몰려다니는 현실은 당장 이익과 편리를 가져올지 모르나 이후 미래는 어두울 것이라는 점을 우리의 이성은 잘 알고 있다. 현실 가치와 미래 생존의 이중성을 안고 있는 우리는 무엇을 선택해야 하는지? 개발과 발전이라는 이름으로 자행된 자연 파괴가 생명체의 변질을 가져왔다는 사실이 자연의 일부인 인간에게도 일어날 수밖에 없다는 사실을 잊은 것은 아닌지? 영국의 시인 존 던의 「누구를 위하여 종은 울리나」는 "어느 누구도 그 자체로서 온전히 섬이 될 수 없다. 모든 인간은 대륙의 한 조각이며, 전체의 일부이다/ … 어느 누구의 죽음도 나를 감소시킨다/ 왜냐하면 나는 인류 속에 포함

되어 있기 때문이다/ 그러니 누구를 위하여 종이 울리는지 알고자 사람을 보내지 말라/ 종은 그대를 위하여 울리는 것이니"라는 기도이다. 이 기도문은 스페인 내전에 참전한 헤밍웨이에게 영향을 주었고 그의 소설 제목이 되었다. 헤밍웨이는 개인에게 닥친 불행과 사회적 폭력과 억압을 연대적으로 극복하려는 주인공의 의식을 통해 우리의 존재 이유를 환기시킨다. 유럽에서는 사람이 죽으면 교회에서 조종을 울렸다. 누가 죽었는지 알려고 하지 말라는 이유는 죽은 사람이 바로 나 자신이기 때문이다. 사람 사이의 연대뿐만 아니라 지구의 모든 요소가 나와 연결되어 있다는 존 던의 오백 년 전 고백은 요즈음 더욱 의미심장하게 절실하게 다가온다.

*   「이타적 유전자」, 『전남일보』, 2021. 9. 21.

꿈을 갖는다는 것

손필영

　오래전 미국 뉴욕주의 한 도시를 방문한 적이 있었다. 초가을 한낮에 도착해서 한국 음식점을 수소문해 들어가 밥을 먹고 있을 때 추운 듯한 표정의 잔뜩 웅크린 인도 노인이 들어왔다. 그는 우리 테이블 쪽으로 다가와 한국 학생들 초대로 대전과 포항 등을 다녀온 적이 있다고 말하면서 선뜻 우리의 식사비를 지불하겠다고 했다. 괜찮다고 사양하자 그는 나이아가라 폭포를 가본 적이 없으면 다음 날 자신이 데려다주겠다고 말했다. 그렇지 않아도 나이아가라를 가려고 스케줄을 잡아놓고 교통편 때문에 걱정하고 있던 참이었기에 우리는 그의 제안을 받아들였다.
　숙소에 돌아온 후 이 사람이 무엇 때문에 초면의 우리에게 친절을 베풀까? 하는 복잡한 마음으로 서성거리는데 한국 식당 주인에게서 전화가 왔다. 그가 김밥 칠 인분을 주문했으니 따로 음식을 준비하지 않아도 된다는 것이었다. 미리 계산을 하러 식당을 다시 방문했다. 식당 주인은 그가 이 근처 대학의 공학 교수이며 식당의 단골손님이라 말했다. 이상한 생각이 가시기는 했지만 내내 그의 친절이 의아했다.

다음 날 그는 한 중국 여학생을 데려왔다. 자신의 랩에 있는 북경 출신의 박사 과정 학생이라고 소개하면서 아시아 사람끼리 잘 지내야 한다는 말을 덧붙였다. 가는 도중 그는 피곤하다면서 운전을 부탁하고 잠시 눈을 붙였다. 무사히 나이아가라에 도착해 숲속에서 김밥을 먹던 중 그는 갑자기 주머니에서 종이를 꺼내 읽었다. 자신은 꿈이 없었는데 예순 살이 되면서 꿈을 갖게 되었다고. 어려서 겪은 가난이 너무 싫어 나라를 떠났는데, 부모님이 돌아가셨어도 자신의 나라로 가지 않았다고. 결혼하고 아이 둘을 낳고 넷을 입양하고 키웠는데 성인이 되어 모두 떠났고 아내와는 합의 별거 중이라고 말했다. 최근에 입양한 딸이 남자 친구와 헤어져서 잠시 자신에게 와 있는데 마음이 많이 아프다는 말도 했다. 그는 차도 집도 렌트해서 쓰고 있다면서 우리에게 자신이 비용을 댈 테니 나이아가라폭포 전망대에 올라가 볼 것을 권했다. 우리는 사양하고 어스름이 내려앉는 폭포 주변을 걷다 돌아왔다. 헤어질 때 그는 우리가 도시를 떠날 때 기차역까지 데려다주겠다고 했다. 고마운 마음에 점심을 같이 하자고 말했다. 다음 날 그는 광동 출신의 석사 과정 여학생을 데려왔다. 우리에게 소개하면서 아시아 사람끼리 잘 지내야 한다는 말을 반복했다. 별말 없이 식사를 하고 그는 백인 종업원에게 과한 팁을 주고 자리를 일어났다.

그가 미국에서 오랜 기간 지내면서 받은 인종차별 때문이었을까? 그래서 그는 아시아 사람들에게 서로 잘 지내라고 부탁했던 것이었을까? 그해 겨울, 새해 인사를 하기 위해 그를 수소문했으나 찾을 수 없었다. 지금 와 생각해보면 그는 죽음을 앞두고 있었던 것 같다. 짧은 만남이었지만 그는 사람들을 연결하기 위해 자신의 마지막 시간과 물질을 썼다. 헤어질 때 그에게 준 선물도 늙은 사람에게는 필요 없다면서 학생에게 주라고 했다. 그날 숲속에서 꿈을 갖기 시작했다면서 꿈의 내용은 말하지 않았지만 그는 그것을 이루었을 것이다. 꿈은 생각이 아니라 행동으로 이루는 것이리라. 우리를 포함한 그를 만났던 사람들은 살아 있는 동안 그를 기억하며 그를 닮고자 할 것이다.

우리는 마지막까지 꿈을 꿀 수 있을까? 미국에서 아시아인에 대한 혐오는 어제오늘 일이 아니지만 자본주의의 종이 된 삶에서 마지막까지 헤어나오지 못하고 죽는 것은 자신의 선택일 것이다. 어디서나 돈 때문에 직권남용과 위선이 일어나는 곳, 지구. 인도 노인처럼 마지막에 가져가지 못하는 것을 미리 나누어주는 꿈을 꾸는 것은 너무 비현실적인가?

박용래라는 시인이 있다. 징용 열차를 타고 경성으로 올라가다 해방이 되어 고향으로 돌아온 그는 당시 강경상업고등학교를 나와 조선은행에 취직이 됐지만 적성에 맞지 않아 그만두고 학교에 근무하다가도 사임하고 아내와 일을 바꾸어 살림을 살았다는 얘기가 전해진다. 모두가 돈을 벌고 출세하기 위해 산다면 시인 박용래는 거꾸로 산 셈이다.

그의 시 「열사흘」은 시인 자신의 삶의 노역을 최소화하여 무게로 소리로 표현한 상징적인 시인데 서해 외연도의 뱃고동 소리까지 부엉이 울음소리로 표현한 것으로 보면 그는 어딜 가나 몸 하나 지고 다니기도 버거웠던 것 같다. 「열사흘」은 시인의 삶은 물론 평생 열심히 일을 하지만 보름달처럼 환하고 가득 찬 삶은 살 수 없는 부두 노동자들의 가난한 생활도 포괄한다. 이들은 보름에서 이틀이 빠진 만큼 이지러진 행복을 최대의 행복으로 느낄 것이다. 언제나 가난하고 언제나 부족하고 슬프게. 그러나 시인은 다만 "부엉이/ 은모래/ 한 짐 부리고/ 부형 부형/ 부여 무량사/ 부우형/ 열사흘/ 부엉이/ 은모래/ 두 짐 부리고/ 부형 부형"으로 노래하며 그러한 삶을 환청적으로 보고 있다. 슬프고 가난하지만 그 삶에는 욕심도 없고 욕망도 지워져 순수한 존재만이 느껴진다. 이 땅에 사는 동안 순수한 존재로만 존재했던 적이 있었던가? 인도 노인처럼 마지막까지 꿈을 가져보고 싶다. 주입된 가치에서 벗어나 비로소 자유로운 인간이 되는.

* 「이타적 유전자」, 『전남일보』, 2021. 4. 7.

분단의 벽을 넘어

조재형

비무장지대를 통해 금강산을 여행할 수 있는 육로가 열리던 그해 가을, 나는 빗방울화석 시인들과 함께 금강산을 다녀왔다. 군사분계선을 넘을 때의 감격은 금강산 아름다운 경치보다도 뚜렷하게 아직도 가슴속에 설렘으로 남아 있다. 그때의 느낌을 다음과 같이 표현한 적이 있다.

북방한계선 통문을 들어서면 비무장지대
군사분계선을 넘어서 그대가 있었습니다
선과 선 지대와 지대에
유전처럼 전해오던 정지된 오십 년 시간 속에서
군복을 입고 이정표처럼 서 있는 그대

이름도 고향도 모르는,

물어볼 수도 없는 거리에

창문을 열 수도 없는 금강산 관광버스 안에서

관광증을 여권처럼 목에 걸고

국경 아닌 국경을 넘은 관광객으로 그대는 군인으로

마주치는 눈빛

그대에게 나는 무엇이었을까요

남측에서 온 적?

다시 마주치는 눈빛

손을 흔들면 흔들수록

그대에게 다가갈 수 있는 건지

그대 눈동자도 흔들리는지

상하좌우 애써 시선을 피하는 눈동자

아리게 박혀올 때

물총새 한 마리 시선을 지우고

늪으로 날아들어

흔들리고 흔들리는 억새와 갈대 사이

짙푸른 물옥잠 피워놓았습니다

그 푸른빛으로 감호를 지나고

남방한계선을 지나 영랑호를 끼고

고성벌에 들어섰습니다

고성벌을 가로지르는 금강산행 임시도로 옆

옥수숫대 더미 뒤에 숨은 듯

옹기종기 모여 앉아

들릴 듯 말 듯 속삭이는

가마중 같은 북쪽 아이들의 미소가

금강산 가는 길을 환하게 열어놓았습니다

—졸시, 「아이들의 미소로 지워지는 선」 전문.

처음 보는 북측 군인들에게 느꼈던 긴장된 분위기를 꽃과 아이들을 통해서 풀어놓고 싶었다. 이념을 버리고 여행길에 올랐던 나 자신도 다른 체제 속에서 서로가 아무 벽 없이 쉽게 만나기란 쉬운 일이 아니었다. 잠시 고통이 스쳐갔다. 그러나 마음속 깊은 곳에서 나를 넘어서 통일에 대한 염원이 끓어오르고 있었다. 버스 문을 박차고 나가 손을 잡고 싶은 심정과 그러지 못하는 정황 속에서 답답함이 아이들의 순수한 미소에 자연스럽게 녹아 스며들고 있었다.

그다음 해 겨울 금강산 비봉빙폭과 구룡빙폭을 초등하기 위해 금강산을 다녀왔고, 얼마 후 한국등산학교 수료생들과 빙폭 등반을 다녀왔다. 갈 때마다 북측 안내원들은 더 친절히 대해주었다. 처음 빙폭 등반을 갔을 때 북쪽 환경관리원은 우리의 복장을 보고 "빙판 오르려고 왔느냐"고 물었다. 빙판이 아니라 빙폭이라고 했더니 "빙판이나 빙폭이나 그게 그거 아니냐"면서 "목숨을 걸고 그걸 왜 하느냐, 안사람이 말리지 않느냐"고 되물었다. 안사람은 말리다가 이제는 지쳐서 조심히 잘 다녀오라고 한다고 했더니 "못 말리는 사람이군요" 하면서 웃었다. 그렇게 조금씩 가까워지고 있었다. 두 번째 빙폭 등반을 갔을 때, 한 북측 안내원은 빙폭 등반을 온다는 것을 미리 알고 자기는 비번인데 근무를 바꿔가면서 나왔다고 하면서 비봉폭포 전망대까지만 따라왔던 때와는 달리 비봉빙폭까지 와서 아이스바일을 빌려 빙폭을 찍어보는 관심을 보였다. 등반을 시작할 때 조심하라며 염려까지 해주었고 얼음덩어리가 떨어질 때마다 큰 소리로 '낙빙'을 외치며 무사 등반을 기원해주었다. 아래 시편은 그때 쓴 시다.

    연주담은 얼어도 옥빛이다
    봉황이 연주담에서 날아올라
    세존봉을 넘는 듯
    비봉빙폭은 날개를 펼치고 얼어 있다

    남측 북측 사람들 시선
    비봉빙폭으로 모아질 때
    무겁게 끌고 온 선, 선, 선
    능선으로 물러나고

비봉의 날개가

우리를 하나로 보듬고 있다

빙폭을 찍을 때마다

그대들의 뜨거운 눈빛

앞서가고 있다

—졸시, 「비봉을 타다」 전문.

그다음 날 금강산에 무릎까지 빠질 정도로 서설이 내렸다. 그해 금강산에서 처음 내리는 눈이었다고 한다. 세존봉 등반을 가던 중 옥류동에 도착하자 미리 나와 있던 북측 안내원은 눈덩이를 굴려 손을 흔드는 눈사람을 만들고 하얗게 쌓인 눈 위에 "반갑습니다"라는 글씨를 써놓고 기다리고 있었다. 우리 일행도 눈 위에 "고맙습니다. 사랑합니다" 답글을 써놓고, 어떤 체제나 이념이 끼어들어 올 수 없는 사람과 사람으로서 정겨운 이야기를 나누고, 세존봉 등반을 하면서 곽밥을 나누어 먹고 라면을 끓여 나누어 먹었다. 무엇인가 서로에게 나눈다는 것은 배려이며 사랑의 시작이리라.

그리고 그해 오월 빗방울화석 시인들과 함께 백두대간 금강산 시화전에 참여했다. 분단 이후 처음으로 열린 이 박 삼 일의 짧은 시화전 일정이었지만 많은 기억이 남아 있다. 시화전 첫째 날은 구룡폭포 앞 관폭정에서 열었는데 빗방울화석 시인들이 시화 패널을 지고 갈 때 북측 안내원들은 정겹게 이름을 부르며 등짐을 밀어주기도 했고, 둘째 날 만물상 귀면암 밑에서는 북측 여성들이 시를 꼼꼼히 읽고 시에서는 이미 통일이 이루어졌다고 말하며 수줍게 웃기도 했다. 그리고 금강내기 바람에 흔들리는 시화를 잡아주던 북측 사람들…. 그들의 얼굴에서 통일의 희망을 읽던 그때의 일이 아직도 생생히 떠오른다. 지금쯤 금강산에 서설이 내리고 있을 것 같다.

발자국

최수현

섬진강 은빛 물결을 생각하면 항상 김소월의 「엄마야 누나야」 노랫가락을 나직이 부르게 되고, 아이들과 나란히 고운 모래밭에 두 발을 깊이 파묻고 앉아 있고 싶다. 그냥 강바람에 얼굴을 내맡기고 방심한 채 한나절 강과 함께 흐르고 싶다.

수년 전 초여름, 아이들을 데리고 부모님 그리고 동생네 가족과 구례를 여행한 적이 있었다. 섬진강을 따라 달리다 평사리공원에 들러 다 같이 너른 강변을 걷기 시작했는데 바람이 세찼다. 아이들의 갈색 머리카락이 야생 갈기처럼 펄럭이고, 가족사진을 찍을 때는 어른들도 볼을 때리는 머리카락을 자꾸 귀 뒤로 넘겨야 했다.

그날의 섬진강은, 마치 여름이 잠시 다른 계절에 문을 활짝 열어놓은 것처럼 사방에서 바람이 불었는데, 눈을 가늘게 떴다가 한 번 깜박일 때마다 강변이 어떤 광활함을 향해 넓어지는 것처럼 보였다.

하얀 모래가 덮인 강변을 아이들은 바람을 밀고 타면서 앞으로 달려 나갔다. 모래밭 너머 멀리, 짙푸르러가는 논에서는 흰 새가 날아올라 허공에 천천히 날갯짓을 남기고 있었다. 팔 벌리고 흰 새를 향해 뛰어가던 아이들이 멈춘 곳에 발자국들이 있었다.

아이들 목소리에
또렷해지는 새 발자국, 옆에 선명한
수달 발자국,

—졸시, 「발자국」 부분.

발자국이 발자국을 뭉개지 않고 나란히 앞으로 이어지고 있었다. 발자국들은 일정한 간격의 보폭과 직선으로 이어져 있어 규칙적인 문양을 보는 것 같기도 했다. "누구지? 누구지?" 하던 아이들은 곧 입을 다물고 작은 발자국들 그 옆에 자신의 발자국들을 꾹, 꾹 눌러 찍기 시작했다. 사뿐사뿐, 나란히, 직선을 원으로 만들어가며 모래밭에 새로운 그림을 완성해나갔다. 새와 수달이 만든 규칙을 금세 알아차리고 동참했다.

먼저 온 이와 나중에 온 이가 함께 만드는 발자국 그림, 초여름 섬진강 바람이 며칠 동안 쓰다듬고 지나갔을 그 그림은 시간이 지나도 자꾸 내 눈길을 붙잡는다. 내일 섬진강에 올 누군가도 새, 옆에, 수달, 옆에, 아이들 옆에 나란히 새 발자국을 놓을 수 있게 되길, 그래서 이 강변에 도착하는 미래는 김소월의 「엄마야 누나야」를 부르는 사람들은 모두 꿈꾸는 그 첫 모습으로 남아 있길 바라게 된다.

샐비어 유산

최수현

아이가 어릴 때 친구와 그림을 배운 적이 있었다. 어느 날 미술 선생님이 제일 맛있는 음식이 뭐냐고 물어보니까 아이가 샐비어 꽃물이라고 답해 놀랐다면서 아이는 언제 그런 걸 먹어보았냐고 물어왔다. 나도 좀 놀랐는데 그건 내 어린 시절 이야기 속 꽃물이었기 때문이다.

연년생 두 아이가 말을 알아듣기 시작하고 대화가 가능해졌을 때부터, 아이들을 재울 때 양팔에 하나씩 안고 이야기를 들려줬었다. 내가 무슨 셰에라자드도 아니고, 알고 있는 동화와 옛날이야기들은 금방 밑천이 떨어졌다. 아이들과 씨름한 하루가 끝나면 어찌나 졸리던지, 이야기를 시작하고 좀 있다 똑같은 문장을 반복하거나, 졸음에 갑자기 맥락에 안 맞는 헛소리를 하면 숨죽이고 듣고 있던 아이들은 "엄마, 자지 마, 엄마, 뭐 해?" 하면서 나를 흔들어 깨우곤 했다. 가끔은 내가 '아무 말 안 하기 게임'도 제안하곤 했지만 아이들은 매일 밤 이야기를 졸라댔다. 그래서 내 어린 시절의 하루하루가 이불 위로 하나둘씩 모습을 드러내기 시작했다.

이상하게도, 기억에 생생한 하루가 불려 나오면 곧 그날의 햇빛과 바람, 빠르게 움직이던 회색 구름들, 피부에 떨어져 미끄러지는 찬 빗방울, 파도 거품의 짠맛, 비 온 골목길의 비릿한 냄새, 먼지 냄새들도 하나둘씩 돋아나기 시작하고, 곧이어 동생들의 시끄러운 웃음소리와 고집스러운 표정, 장난기 어린 표정까지 살아나기 시작했다. 반질반질 윤이 나던 할머니의 검은 쪽 찐 머리와 반듯한 가르마, 나나 여동생에겐 별 관심 없으셨던 할아버지의 거친 흰 수염과, 펑퍼짐한 한복 바지의 반들반들해 보이는 엉덩이 부분도 생각나고, 국민학교 가을 운동회 날 만국기가 펄럭이는 운동장에서, 일찍 출근해 철봉대 근처에서 먼 하늘가를 바라보던, 아름다우면서도 어딘가 쓸쓸해 보이는 엄마의 젊은 옆얼굴도 되살아났다. 그리고 그 감각들은 잠자고 있던 다른 하루들을 줄줄이 깨워 이야기 샘이 마르지 않게 했다.

어떨 땐 그 되살아오는 감각의 속도가 이야기가 따라가지 못할 정도로 빨라 숨이 차기도 했다. 그리고 이야기 하나하나에는 곧 주인공과 사건이 생겼고, 아이들이 이미 잘 알고 있는 그 인물들은 개성을 드러내면서 활기찬 모습으로, 다시 우리 가운데 시간을 살기 시작했다. 우리는 그 인물들의 개성에 빠져 감탄하고, 안타까워하고, 웃고, 얄미워하고, 사랑하느라 잠드는 시간이 자꾸 더 늦어지곤 했다.

아이는 그 얘기들 속 붉은 샐비어꽃이 인상 깊었나 보다. 학교 화단의 샐비어꽃에서 불쑥 튀어나온 속꽃잎 대를 뽑아 쪽 빨면 올라오던, 담백하고 슴슴한 단맛. 어쩌다 같이 빨려 올려져 입 안으로 들어온 까만 개미의 까끌거리는 이물감. 아이에겐 그 꽃물이 엄마의 어린 시절에서 길어 올려진 세상 가장 맛있는 음식이 되었나 보다.

내가 맛봤던 샐비어 꽃물의 단맛이 아이의 베갯머리를 적시고 꿈속으로 스며들었다고 생각하니 어쩐지 어깨가 으쓱해졌다. 나는 집도 주식도 물려줄 수 없는 가난한 엄마도 상상 속 단맛을 유산으로 줄 수 있는 거라고 우쭐대며 혀를 우물거리다. 입 안 까끌거리는 개미가 움직일 때 그만 깨닫고 만다.

아, 이 맑고 붉은 단맛은 다시 아이의 꿈으로부터 왔다는 걸!

발원지를 찾아

최수현

한국문학 강의 시간에 외국인 유학생들에게 김소월 시인의 「엄마야 누나야」를 읽어주며 어떤 목소리가 들리는지 상상해 보자고 했다.

    엄마야 누나야 강변 살자.
    뜰에는 반짝이는 금모랫빛,
    뒷문 밖에는 갈잎의 노래
    엄마야 누나야 강변 살자.

학생들은 '누나'라는 단어를 이미 알고 있기에 남자 목소리라고 대답했다. 그 남자가 어떤 사람일지 어디에 있을지 상상해보라고 하면서 같이 얘기를 나누다 보면, 대체로 어린 사내아이라는 데 의견이 모이고, 엄마와 헤어졌다거나 지금은 서울에 사는 것 같다거나, 멀리 여행 중이 아니냐는 대답도 나오곤 했다.

이 시가 일제강점기 때 창작되었고 그때는 고향을 떠나야만 하는 사람들이 많았던 참혹한 시대였다는 얘기를 들려주면 학생들은 슬픈 느낌이 든다고 했다. 나도 이 시를 동요로 듣거나 부를 때마다 어쩐지 슬퍼진다고 했다. 그렇지만 한 학생이 얘기한 감상은 평소 이 시를 애달프게 느껴왔던 내 감각을 깨트렸다. 동그랗고 큰 눈동자를 가진 튀르키예 여학생이었는데 이 시가 너무 아름답다고 하는 것이었다. 이유를 물으니 아이가 아름다운 곳을 꿈꾸면서 부르는 노래이기 때문에 아름답게 들린다고 했다.

그 튀르키예 학생의 감상을 들은 후에는 이 시가 조금 다르게 읽혔다. 애달프지만 꿈에 집중하게 되었다. 집도 땅도 가족도 고향도 빼앗긴 삶이 절실하게 소망하는 꿈을, 슬픔을 뛰어넘어 바로 노래하고 있는 이 목소리의 힘과 접선하면서 온몸에 소름이 돋는 것이다. 반짝이는 금모랫빛 소년의 꿈!

나는 학생들에게 갈잎과 반짝이는 금모랫빛 강변을 시각적으로 보여주고 싶어 섬진강 사진을 몇 장 보여주었다. 그리고 김소월 시인의 고향은 북한에 있지만 나는 고향이 남한의 남쪽이어서 이 시를 생각할 때 항상 섬진강을 떠올린다고, 구불구불 흘러가는 은빛 물줄기가 참 아름다운 강이라고 덧붙였다.

　한반도의 남해안에 사는 사람들은 전라선 기차를 타고 북쪽으로 올라갈 때 꼭 섬진강 줄기와 만나게 된다. 어릴 때 기차 여행을 하면, 기차를 탔다는 흥분도 가라앉고 과자도 다 먹어 지루해질 때쯤 압록, 구례, 곡성이라는 이름과 함께 섬진강의 초록 풍경을 만나게 되었는데, 갑자기 차창을 채우며 시선을 사로잡는 짙푸른 강물을 거슬러 올라가며 그 끝을 상상해봤던 것 같다. 저 강이 어디에서 시작되어 흘러오는 건지, 진짜 바다로 흘러가는 건지 상상하다 보면 기차 안에서도 처음 가보는 길을 걷는 것처럼 이마가 시원해졌었다. 그리고 나중에 빗방울화석 동인들과 함께 백두대간과 정맥을 타면서 어린 시절 상상만 해봤던 강의 발원지들을 직접 찾아가 보게 되었다.

　잊을 수 없는 그해 여름, 장백산에 올라 경계비 너머 백두산에 한 발을 디뎠던 여행에서 우리는 두만강 발원지를 찾아갔었다. 숨 막힐 듯 아름다운, 야생화 핀 천지를 보고 내려왔지만 장백산과 백두산을 가르는 오 호 경계비 옆에서 서성대며 황량한 돌길을 마주한 느낌을 받아서였을까? 우리는 덜컹거리는 봉고차에 몸을 싣고도 한참을 말없이 달렸다. 자작나무 숲과 뜨거운 흙길을 지나 두만강 발원지 근처 중국과 북한 국경에 도착했다.

참 먼 길이었어요. 푸른 옛꿈을 꾸는 듯 하늘을 향해 쭉 뻗은 백두산 자작나무 숲을 지나, 더위와 땀과 혼란이 뒤범벅된 먼지 속에서도 이상하게 서늘한 기운이 돌던, 버석거리는 들판 길을 달려, 이야기가 퐁퐁 피어날 것 같은 웅덩이, 여기가 두만강 발원지 맞나, 여름 한낮이 갑자기 소란스러워질 때 수풀을 헤치고 당신이 불쑥 나타났지요.

―졸시, 「국경」 부분.

국경 경계비 이십일 호를 확인하고 발원지를 찾아 헤매고 있을 때 북한 군인 두 명이 무성한 수풀을 젖히면서 다가오는 것이 보였다. 까맣게 그을린 얼굴, 군복이 헐렁해 보이는 마른 몸. 우리는 두만강 발원지라고 생각한 작은 물웅덩이를 사이에 두고 "안녕하세요. 반갑습니다"라고 인사한 다음, 서로의 고향을 물어봤었다. 웅덩이의 물은 꽤 차고 풍부해 검푸르게도 보였는데 주위로 맑은 냉기가 샘솟아 우리를 시원하게 감싸주었다. 짧은 대화 끝에 북한 군인들이 담배 있냐고 물어오면서 일행들이 가지고 있던 담배, 그리고 여행 떠나올 때 아버지께서 주셨던 달러를 모두 건네주었다. 고맙다면서 다음에 오시면 산천어를 잡아주겠다고 약속하는 군인들의 앳된 얼굴은 햇빛에 반사되는 총검의 날카로운 빛과 대비되어 더 까칠해 보였다.

그 후 수년이 흘러 섬진강 발원지, 데미샘을 찾았을 때 나는 두만강 발원지에서의 그 짧은 만남이 떠올랐다. 그 북한 청년들은 제대해서 무사히 고향으로 돌아갔을까? 그때 같이 앉아 뭔가 마시면서 이야기할 수 있는 상황이 허락되었다면, 김소월 얘기도 섬진강 얘기도 해볼 수 있었을까? 김소월 시인의 「엄마야 누나야」 동요를 북쪽에서도 부르냐고, 통일되면 꼭 남쪽으로 여행 오시라고, 나는 전라도 여수가 고향이어서 「엄마야 누나야」를 노래로 부를 때 항상 그 강변이 섬진강이라고 생각했다고. 섬진강에는 수박 향 나는 은어가 사는데 잡아드릴 수 있다고. 그럼 한바탕 크게 웃을 수 있었을까?

발원지에 다녀온 후로는 흐르는 강물을 보면 강을 거슬러 오르고 싶어진다. 시선은 물결 따라 흔들리며 내려가도 마음은 강을 오르고 올라 두만강 발원지 유역을 다시 서성이게 된다. 이용악 시인이 "잠들지 말라 우리의 강아"라고 노래했던 두만강. 발원지 샘이 품고 있을 아름다운 옛이야기보다, 나라 빼앗기고 국경 넘어 북간도로, 러시아로 쫓겨갈 수밖에 없었던 식민지 한국인들과 지금도 북한에서 중국으로 도강하는 사람들의 가슴 아픈 이야기가 찬 물줄기로 흐르는 강.

그 두만강 발원지에서 같은 모국어로 반갑게 얘기하던 우리 사이를 날카롭게 번득이며 조준하던 총검을 생각하면 한기에 번쩍 정신이 든다. 군복 입은 남동생의 어깨와 비슷한 그 젊은 어깨를 무겁게 짓누르던 총검. 아직도 우리는 잠시 '우리'였다가 언제든지 총검 아래에서 적으로 변할 수 있는 분단 상황에 살고 있음을 생각하면 가슴이 먹먹하다. 그러나 발원지에서 우리는 함께 보았다고 말하고 싶다.

 두만강이 발원지 샘에서 맑게 솟아나 끊임없이 흘러가는 것을. 이용악 시인이 노래한 곳을 향해 흘러가는 것을.

 바다로 가야 할 곳으로

―이용악의 「두만강 너 우리의 강아」 부분.

금강산에서 만나는 사람

이승규

사월, 추웠다.

처음 가본 한반도의 가장 높은 위도. 군사분계선을 넘어 북한 땅에서 하룻밤을 보낸 것이다.

'백두대간 금강산 시화전'이 열리는 날, 으슬으슬 어깨가 떨렸다. 북한에 미리 신고하고도 시화전 현수막을 압수당한 터라 다른 돌발 사고가 생기지 않을까 걱정됐다. 아침을 먹고 버스로 이동해 금강산 입구에 내렸다. 시화 네 점을 포개어 싼 등짐을 광목천에 엮어 짊어지고는 구룡폭포로 향했다. 좁은 산길이 시멘트로 포장돼 있었다. 밤톨만 한 자갈들을 모양 좋게 박아놓은 길을 걷기가 미안했다. 북한 사람들이 쪼그리고 앉아 하나씩 손으로 꾸며놓은 것이 분명하기 때문이다.

시화 스물네 점을 나누어 진 빗방울화석 시인들이 한 줄로 걸었다. 뒤에서 보니 하얀 봇짐을 멘 보부상들 같았다. 뒷모습도 들떠 보였다. 북한 땅에서 그것도 금강산에서 최초로 시화전을 연다는 기쁨에 그간의 불안과 피로를 잊은 듯이. 산길이 가팔라지며 어깨가 아파왔다. 숨을 몰아쉬는 시인도 있었다. 그때 시인에게 북한 안내원이 슬며시 다가갔다. 등짐을 받치고 밀어주었다. 인사를 나누려고 마주친 눈빛에서 온기가 번졌다.

옥류동계곡 바위가 햇빛을 받아 더욱 하얗게 빛났다. 담을 거치고 거쳐 흘러내리는 물은 어디서도 본 적 없는 영롱한 연녹색이었다. 물빛이 눈으로 들어와 몸속에 찰랑이는 것 같았다. 열 뜬 몸이 잔잔해지자 다시 추워졌다. 뒤에서 빠른 걸음 소리가 다가왔다. 내가 비켜줄 새 없이 키 큰 그림자가 휙 앞질러 갔다. 각진 턱에 입술을 앙다문 남자가 뒤도 안 보고 돌길을 서둘러 올랐다.

계곡을 걷다 보니 주위 공기가 온통 울리기 시작했다. 구룡폭포에 도착한 것이다. 칠십사 미터 상단에서 떨어지는 폭포수가 장관이었다. 이름난 다른 폭포와 달리 삼십여 미터 떨어지다 절벽에 꺾여 쏟아지는 물줄기가 허리를 우아하게 틀어 날아오르는 선녀의 자태 같았다. 그도 그럴 것이 구룡폭 위 상팔담은 설화에서 나무꾼이 두레박을 타고 하늘에서 내려온 선녀를 만난 곳이다. 경치를 더 바라볼 새 없이 관폭정에 시화를 풀어놓았다. 감상하기 좋게 이젤을 둘러 세워 시화를 올렸다. 시와 그림이 바위와 폭포 소리에 어울려 너울너울 춤추는 것 같았다.

뒤이어 등산객들이 올라오고 있었다. 폭포 앞에서 탄성을 지르다 사진기를 꺼냈다. 이윽고 정자에 들어와 땀을 식히며 시화를 읽었다. 북한 안내원들도 거듭해서 시화를 살펴보았다. 시인들에게 시에 대해 백두대간 남쪽 산줄기에 대해 묻기도 했다. 시화를 앞에 두고 안내원들과 이야기꽃을 피우다 보니 어느새 한 동네 이웃처럼 친숙해져 있었다. 시를 가슴에 새긴 사람들이 하나둘 관폭정을 나섰다. 안내원들도 마저 자리를 떴다. 아까 나를 앞질러 가던 북한 사람이 관폭정에 들어섰다. 천천히 주위를 둘러보았다. 시화 앞에서 우뚝 선다. 가만히 시를 읽고 있다. 여전히 아무 말 없지만, 햇빛에 반쯤 걸친 그의 얼굴이 풀어지는 듯했다. 눈길이 먼 곳을 향한 것처럼 아득했다. 눈이 마주칠 때, 따뜻했다.

서서히 몸을 돌려 그가 관폭정을 빠져나갔다. 아까처럼 재빠르게 산길을 올라 사라져버렸다. 우두커니 남은 시화에 그늘이 내려앉았다. 나는 그가 서 있던 자리에 가 시를 읽고, 다시 산모퉁이를 바라보았다. 백두대간 금강산을 걷는 길, 보이지 않던 산줄기에서 그의 목소리가 처음으로 들리는 것 같아서.

햇살 속에서도 덜덜 떨리는 어깨를
찬바람이 치고 가는 옥류동

등짐 지고 다리를 건너
구르는 옥빛 물소리에 휘감길 때
검은 얼굴, 앙다문 입술의 북녘 사내가
나를 휙 앞질러 간다

그의 뒷모습 놓치고 허위허위
관폭정에 다다라
칭칭 싸맨 시화를 펼쳐놓는다

서성이던 바람이 우뚝 선다
가쁜 숨 차분해지고
폭포 소리에 시화 속 바위, 나무만 술렁인다

그가 다가와 시화 앞에 선다

팔짱 풀고 시구 따라
오대산 설악산 거쳐 향로봉에서
금강산으로 자꾸만 돌아오고 있다
그의 어깨 위에 반쯤 걸친 햇살 대신

각진 얼굴 부드러운 눈망울이 주위 햇살 받아내어
슬쩍 내 눈과 마주칠 때마다 온기를 전해준다

젖은 몸이 훈훈해질 틈도 없이
뒤섞이는 말소리, 폭포 소리 사이로
등만 보인 채 그가 비탈길로 올라간다

꿈틀대던 시구들도 풀이 죽고
서늘한 그늘이 시화에 내려앉기 바로 전
그가 다문 입술 터트려
"오오" 하며 읊조린다

"지리산에 살다 죽어도
백두산에 살다 죽는 한 핏줄이여"*

─졸시, 「대간에서 만나는 사람」 전문.

* 신대철 시인의 「금강산에 살다 죽어도」 부분.

누구에게나 배후가 있다면

이승규

죽산竹山 사람.

서울에서 태어났지만 나는 죽산 사람이다. 거기서 살아본 적이 없다.

중요한 말을 뒤로 미루어서 하고, 까무잡잡한 사촌동생들처럼 "엥? 그게 아닌 거. 이게 맞는 거"라고 끝을 길게 끌며 항변하는 듯한 말투를 쓰는 죽산 사람과 나는 어쩐지 다르다.

죽주산성을 끝내 몽골군이 함락하지 못했는데, 죽산 사람에게 지키는 것 하나만큼은 이력이 있나 보다. 죽산 장원리의 연원이 된 열원烈院, 다른 말로 너러니에는 이름난 열녀가 살았다 한다. 게다가 죽림리에선 수많은 천주교 신자가 자신의 믿음을 지키다 순교했다. "왜놈들도 여기서는 못 살고 나갔단다"라며 죽산 사람의 지독한 기질을 아버지가 되려 원망하실 정도였으니…. 1980년대 죽산 너러니에 골프장이 들어서려 했을 때, 아버지는 있는 돈 없는 돈을 당겨 논밭을 사들이고 거기서 작은아버지가 목장을 시작하면서 고향을 지키셨다.

　더 오래전 아버지는 너러니에 친구 따라 들어온 어머니를 만나셨다. 어머니는 너러니나 용설리에 사는 이들을 촌사람으로 여기기도 하던 죽산 면내 출신이다. 어쨌든 최소 사백 년가량을 죽산에서 살아온 족속이라면, 잠시 나가 다른 땅에서 낳은 아이에게도 죽산의 기질이 조금쯤 전해지지 않았을까. 그 아이는 조상이 대대로 살아온 곳을 자신의 배후로 여길 수 있지 않을까. 그러나 거기를 벗어나 오히려 핏줄처럼 이어지는 산줄기를 따라 떠났다 돌아오는 것도 좋을 것이다. 멀리 나갈수록 생각나고 새롭게 자신을 끌어들이는 처음의 무언가를 느낄 수도 있을 것이다.

　일곱 도둑이 현인으로 탈바꿈하였다는 절이 있는 죽산 칠장산. 그 산 시냇물에 발목을 담근 적이 있다면 금북정맥 따라 서운산 청룡사를 거쳐 멀리 오서산, 지령산을 향해 걸어가 볼까. 아니면 한남정맥 따라 삼죽을 지나 수리산, 계양산을 이어가다, 북한 땅이 바라보이는 문수산 보구곶까지 달음질쳐 볼까.

빛나는 소리

이승규

여행은 어떻게 떠나는가?
 여행 일정을 잡고 떠날 날이 다가올수록 설렌다. 여행 날 새벽에 일어나 약속 장소에서 일행을 태우고 아직 컴컴한 고속도로에 들어선다. 두 잔째 커피를 마시고도 잠이 달아나지 않는다. 빈속이 쓰리고 여전히 목 아래가 저리다. 차가 고개를 오르고 여러 차례 긴 터널을 지난다. 이제 내리막길이다. 날이 훤해지고 수평선이 비친다. 창문을 여니 밀려드는 파도 소리. 해송 사이 아무렇게나 차를 댄다. 모래 위를 달려간다. 바다다.
 밀려오다 밀려가는 물결을 보며 생각한다. 내가 여기 왜 있지? 그리고 곧바로 집에서 자고 있을 아이들이 떠오른다. 집에 가고 싶다. 가슴이 뻐근하게, 아이들이 보고 싶다.

가는 길부터 비가 추적추적 내린다. 날을 잘못 잡은 게 아닐까? 구룡령 지나 조침령터널 앞에 차를 세운다. 구름이 벗겨지며 비가 그친다. 저편 하늘이 말끔해진다. 이미 길가에 좌판이 벌여 있다. 좌판 여자가 반갑게 인사를 한다. 초등학생 자식들이 집에 있을 듯한 젊은 엄마. 차도 지나지 않는 이른 아침.

터널 위로 좁은 길을 따라 조침령을 오른다. 수풀이 우거진 길가에 빨간 표지판이 서 있다. 다가가 표지판을 들여다본 일행이 웃음을 터뜨린다. 빨간 바탕에 흰 표시. 해골 아래 '절대서행'. 가뜩이나 느려진 걸음을 더 늦추라니. 게다가 저렇게 해맑은 해골 그림이라니. 지금은 풀이 덮였지만 예전에 이 길이 자동차가 굽이굽이 오가던 왕복 이 차선 도로였다.

고개 위에는 커다란 바위에 '백두대간 조침령'이 커다랗게 한자로 쓰여 있다. 새도 자면서 넘었겠지만 등짐을 맨 사람들이 걷고 걸어 바다에서 내륙으로 또 그 반대로 넘나들던 고개. 우리는 대간을 따라 단목령 쪽으로 걷는다. 더 좁아진 오르막 산길에 야생화가 피어 있다. 말 그대로 꽃길이다. 마타리, 어수리, 금강초롱, 이름도 모르는 아름다운 꽃들. 호사스럽다는 생각마저 든다.

지도에 나타난 전망대까지 가보기로 한다. 거기서 멀리 바

빛나는 소리

다를 바라보며 물 한잔 마시고 쉬기로 한다. 한참 걷다 굽이를 돌며 찾아봐도 마땅한 자리가 없다. 한여름이고 나뭇잎과 풀이 무성하다. 바다 쪽으로 전망이 보이지 않는다. 어쩌면 지도가 너무 오래됐는지도 모른다. 한 굽이 더 돌아가는데, 수풀 속에 자그맣게 빛이 훤하다. 아련히 보이는 푸르게 빛나는 양양 바다. 숨이 탁 트인다.

저 바다 쪽 양양에서 인제로, 인제에서 양양으로 산과 바다를 이으며 구룡령, 조침령, 북암령을 걸어 넘었을 사람들을 생각한다. 나물과 약초, 말린 생선과 서신을 짊어지고 고갯마루에서 다리를 쉬며, 그들도 아득한 바다를 바라보았을 것이다. 마음대로 되지 않던 지난날과 마음대로 될 수 없는 앞날을 두고 숨을 고르며, 집에 두고 온 식구들, 자신을 기다리고 있는 아이들을 떠올렸을 것이다.

길을 돌려 조침령으로 향한다. 아까 봤던 꽃들도 배웅을 한다. 고개 아래 터널로 내려오니 길가에 차가 여러 대 서 있다. 좌판 앞에 물건을 구경하는 사람도 있다. 한층 환한 얼굴로 그 여자가 분주하게 물건을 내오고 커피를 탄다. 우리는 차에 올라 터널을 지난다. 쇠나드리(옛 조침령)를 둘러보고, 다시 점봉산 진동리로 달린다. 기린초등학교 진동분교에 천천히 들어선다.

빈 운동장. 맑은 햇살. 수돗가에 아이들이 소란하다. 기다란 스테인리스 수전에 모여 방울토마토를 씻고 있다. 우르르 방울토마토가 쏟아진다. 색색깔의 웃음소리 같다. 오래전부터 나를 기다리는 소리.

    빗물이 구불구불 흐르는 구룡령에서
    양양 쪽 하늘로 반짝 해가 비친다
    서림에서 조침령 올라 시동을 끈다
    길가 좌판에서 갑자기 웃으며 인사하는 여자
    집에 둔 아이들 잠도 안 깼을 평일 아침

    조침령 옛길은 풀이 자란 굽은 길
    예전엔 여기가 찻길이라고
    모퉁이마다 기울어진 해골 밑 절대서행 표지
    사진을 찍자 추락위험 가리키며 웃는 일행
    단목령 가는 길은 좁다란 꽃길
    길이 확 꺾이는 데서 굴속 같은
    나무 넝쿨 사이로 빛이 트인다
    멀리서 눈부시게 너울대는 양양 바다
    그리운 짠 내, 비린내 넘어오고 넘어가고
    약초, 서신 든 등짐 내려논 이도 수평선 보며
    제비 새끼들 같은 식솔 떠올렸을까

    고개 내려와 진동리에 들어간다

빛나는 소리

기린초등학교 진동분교로 꺾어든다

빈 운동장에 노니는 햇빛

수돗가에 아이들이 방울토마토를 씻고 있다

도수 높은 안경 낀 저학년이 대야 물을 버리다

우르르 토마토가 쏟아진다

구르는 빨강 파랑

두고 온 빛나는 웃음소리

—「빛나는 소리」 전문

태백에서 왔다

이승규

봄, 가을도 좋고 시원한 여름도 좋지만, 눈 내린 태백산이 더 좋다.

청량리역에서 밤 기차를 타고 태백역에 내려 역사에서 떨다가 처음 연 식당 방바닥에 발을 녹이며 해장국을 먹고, 캄캄한 태백 거리를 걸어 시외버스 터미널에서 첫차를 타고 유일사 입구에 내려서면, 가슴이 설렌다.

일출을 찍으려다 실패한 사람들과 엇갈려 오르는 길. 주목 군락 지나 천제단을 향해 가는 눈길이 눈부시다.

*

거제수나무 곁

내가 개미

내가 두꺼비

내가 쇠딱따구리

산 위에서 밑에서

우박비에 쫓기다

커다란 양팔 품에

깃들수록 세어만 가는

나도 풀

나도 바위

나도 거제수 아이

—「흰수염 아이」 전문.

 우박이 세차게 내렸다. 피할 데 없는 천제단에서 벌을 받는 것 같았다. 뛰는 걸음으로 거제수나무 숲으로 갔다. 거제수나무가 팔들을 벌려 숨겨주었다. 거제수나무 아래서 나는 내가 아닌 무엇이 되고 싶었다. 되도록 인간이 아닌 개미, 풀, 새…. 거제수나무 아래서라면 좀처럼 상처받는 일도 없고 걱정도 없는 무언가가 되고 싶었다. 하지만 개미라고 풀이라고 작은 새라고 근심이 없겠니. 차라리 거제수나무 곁에서 거제수나무처럼 고요히, 어디서부터 내가 걸어왔는지 생각해보자. 나를 나이게 하는 인간의 첫 목소리를 떠올려보자. 컴컴한 땅 높다란 나무에 다시 흰빛이 내릴 때까지.

*

마을이 떠났다

빈터에 서성이던 눈발이
아이들을 기억하려 읊조리는
허밍처럼

끊어지다 은은하게 이어가는 사이
시린 햇빛 내리고 만항재
흰 숲이 반짝거릴 때
네가 남겨두고 떠난 길을 걷다
후둑,
목덜미에 부서지는 눈덩이

누가 흔들었을까
저 높은 가지에 올라

—「전나무 아래로」전문.

중학교 때 전학 온 친구가 다녔던 학교를 스쳐 폐광촌 빈집 사이를 걸었다. 금 간 담벼락에 아이들이 그려놓고 떠난 금마타리 같은 꽃 옆에서, 펄펄 내리는 눈을 바라보았다. 만항재 아름다운 숲길까지 빈 교실이, 아이들이 남겨놓은 그림이 따라왔다. 목덜미에 눈덩이가 부서졌다. 어디선가 함박웃음 소리가 울려 퍼졌다.

북한산 이야기

이승규

나는 지금 북한산 비봉을 보고 있다. 비봉 능선을 왼쪽으로 따라가면 다른 봉우리도 보일 테지만 아파트에 가려 있다. 내가 입원한 병원 높이 때문에 놀랍게도 산이 보이지만, 앞쪽 높은 건물 때문에 능선이 온전히 보이지 않는다.

지금처럼 아파트가 많지 않을 때, 산이 보이든 보이지 않든 우리는 산에 기대어 살았다. 여기서 '우리'는 북한산 자락에서 태어나 자란 사람들로, "북한산 맑은 정기…"로 시작하는, 꼭 산 이름이 가사에 들어가는 몇 개의 교가를 내내 불러야 했던 이들이다. 도시 변두리 골목을 뛰어다니던 아이들이 분명하지만, 어느 아침에 눈을 뒤집어쓴 산봉우리를 보며 덜컥 겨우살이 걱정을 하고, 단풍 든 산자락을 지날 때 다른 세계로 들어가고 있다는 흥분을 느끼며, 나무 하나 없는 동네 야산에 올라 멀고 푸른 산을 바라보면서 언젠가 저 산에 꼭 가보겠다 다짐하던 아이들이다.

간혹 초등학교 소풍을 '국민대 뒷산'으로 다녀오고, 중학 시절엔 막 개통한 지하철을 타고 진관사 계곡까지 답사하면서 북한산이 점점 더 다가왔다. 물론 산을 좋아하시던 아버지 인솔로 온 가족이 우이동으로 해서 도선사, 용암문까지 산행을 하고, 더 가까운 청수장 계곡에 가 지금도 잊히지 않는 고추장찌개를 끓여 먹고 낮잠을 자다(물소리 때문에 잠이 오지 않았다) 돌아오기도 했다.

국민대학교에 다니면서 북한산은 내게 더 가까이 왔다. 학교 울타리가 국립공원이라고 하면 좀 이상하지만, 매일 등교하는 게 산에 가는 느낌이었다. 뒤늦게 입학한 탓에 학교에 잘 적응하지 못했던 나는 도서관에 가방을 벗어 던지고 자주 혼자 숲을 헤매거나 형제봉에 올라갔다. 대남문을 거쳐 보현봉에 갔다 학교로 돌아오기도 했다. 산에서 내려오면 학교도 사람들도 달리 보였다.

시간이 지나 정릉을 떠나 불광동에서 살다가 진관동으로 이사 왔다. 서울에선 더 좁고 외진 곳인데 산에 더 가까워졌다. 애 낳고 직장 다니고 북한산을 잊다시피 지내다가 집 앞에서 보이는 봉우리가 백운대라는 걸 뒤늦게 자각했다. 가끔 북한산 둘레길을 산책하듯 걸었다. 집 뒤 이말산에 오르내리기도 했다. 재스민이란 이름의 이말산은 높이가 백 미터 조금 넘는데 북한산을 바라보는 산이면서 궁궐 내시와 나인 들이 묻힌 곳이기도 하다.

그러다 중학교에 올라간 아들과 갑자기 북한산에 가기로 했다. 백운대에 올랐다. 스무 살에 처음 가보고 두 번째로 오르는 동안 서울이 많이 바뀌었다. 산도 나이가 든 것 같았다. 무슨 유행인지 적지 않은 대학생들이 흰 바위에 나란히 앉아 먼 곳을 바라보고 있었다. 나는 무릎에 통증을 느끼며 하산했지만 그날 본 풍경과 사람들의 표정을 마음에 남겼다.

지난주 축구를 하다 아킬레스건이 파열되었다. 수술을 마치고 입원 중인 병실에서, 담당 의사의 늦은 회진을 기다리며 비봉 능선을 바라보고 있다. 아파트에 잘린 나머지 능선이 여전히 보이지 않지만, 북한산은 내게 가까이 있다. 더 가까이 다가와 내 속에 들어앉은 것 같다. 그래서 북한산에 대해 뭔가 쓰는 게 멋쩍고 부자연스러운 일처럼 여겨진다. 북한산에 대해 무슨 이야기를 할까. 너무 많이 할 얘기가 있는 것 같고, 아무것도 할 얘기가 없는 것 같다. 이것이 북한산을 대하는 나의 솔직한 심정이다.

하지만 북한산이여. 내가 산에서 태어났듯이 산에서 죽을 것이다.

죽어서 다만, 북한산의 일부가 될 수 있을까. 북한산이 잠자코 허락해줄까.

멀미

박성훈

  부둣가에 묶인 작은 고깃배에 올랐다. 선착장에서 낚시하든 정박한 고깃배에서 하든 거기서 거기지만, 한 번쯤 배 위에서 낚싯줄을 던지고 싶었다. 덕장에서 골라 가져온 매끈한 대나무 끝에 낚싯줄을 묶어놓으니 제법 낚싯대 같았다. 오늘 미끼는 이까똥(오징어내장)이 아니라 갯강구. 삼형제바위(테라포트)에 붙어 기어다니는 녀석들을 배에 오르기 전 미리 잡아두었다. 낚싯바늘에 갯강구를 끼웠다.
  뱃고동이 울렸다. 경쾌한 날씨였다. 멀리 방파제 초입에서 큰 배가 항구로 들어오는 참이었다. 러시아에서 오는 배일까, 시베리아에서 쓸 법한 방한모를 연상시키는 연통에서 시커먼 연기가 무겁게 뿜어졌다. 배가 지나가자 파도가 밀려왔다. 내가 올라탄 고깃배가 위아래로 크게 너울거렸다. 고깃배 난간을 잡고 물결이 잔잔해지기를 기다렸다. 너울, 너울, 너울. 쨍쨍한 햇빛. 일렁이는 물빛. 얼핏 코웃음 치는 물고기 눈빛? 낚싯줄을 던지지도 못했는데 멀미가 났다.

실은, 늦게까지 멀미에 시달렸다. 십 분만 차를 타도 빈속까지 게워냈다. 열차든 자동차든 가리지 않았다. 그러니 고깃배는 말할 것도 없었다. 긴 시간 차를 타야 할 때면 멀미약을 먹어도 소용없었다. 할머니는 옷 속에 작은 돌맹이를 넣어보라고 했다. 차갑고 볼록한 돌맹이가 배를 지그시 누르고 있으면 속이 한결 편할 거라고 했다. 거짓말. 먼데 풍경을 보라고도 했다. 거짓말. 고등학생이 될 때까지 멀미는 계속됐다.

고깃배에서 낚시하는 건 역시 무리였다. 얼른 배에서 내려 방파제 삼형제바위 위로 올라갔다. 바위 사이에 낚싯줄을 내려놓고 먼바다를 바라보았다. 갈매기들이 고깃배를 따라 하늘을 맴돌았다. 나는 갈매기들을 따라 맴돌았다. 저 바다 너머에는 무엇이 있을까. 바다가 슬쩍 꿈틀하더니 물살이 조용하게 일었다. 낮은 햇살을 받아 바다가 빛살을 튕겼다. 생각이 밀려오려는 찰라, 해가 서산에 걸렸다.

해는 늘 바다에서 떠올라 산에서 졌다. 바다는 시작이었고 산은 끝이었다. 산이 끝이라니, 어쩌면 멀미 탓일지도 몰랐다. 원주나 춘천 아니면 서울 같은 큰 도시에 가려면 차를 타고 산을 넘어야 했다. 대관령 아흔아홉 굽이. 굽이굽이 넘자면 굽이마다 멀미. 산은 정말이지 끝이었다.

어른들이라고 다르지 않았다. 뒷집 아주머니가 허리를 다쳐 원주에 있다는 큰 병원에 갔다고 했다. 허리가 아픈 게 어떤 건지 잘 몰랐지만 대관령을 넘어야 한다니 크게 아픈 게 분명했다. 시장통 아저씨가 칼부림 탓에 크게 다쳤을 때도 마찬가지였다. 아마 나 같은 건 병원에 가기도 전에 멀미 때문에 죽었을 거라고 생각했다. 대관령을 넘어 원주든 서울이든 큰 병원에 간 어른들 가운데 영영 돌아오지 못한 분도 꽤 있었다. 산은 끝이었다. 말하자면 병풍 비슷하기도 했다. 이승과 저승을 갈라놓은 상갓집 병풍 말이다.

갓 고등학생이 된 무렵이었다. 하루는 아빠가 엄마를 데리고 서울에 있는 병원에 간다고 했다. 엄마 심장이 안 좋다고 했는데, 그때 나는 무슨 말인지 이해할 수 없었다. 나중에 알고 보니 심장판막에 이상이 있어 피가 제대로 흐르지 못하는 병이었다. 엄마는 큰 수술을 받아야 했고, 당연히 대관령을 넘어야 했다.

수술 날짜가 잡혔다. 나도 대관령을 넘기로 했다. 네 살 터울 동생은 할머니와 집에 남기로 했다. 강릉에 사는 이모와 함께 고속버스를 탔다. 버스가 출발하고 얼마 안 있어 대관령 초입에 다다랐다. 두려웠다. 산은 끝이니까.

버스는 굽이굽이를 부드럽게 돌며 고개에 올랐다. 나는 눈을 감았다. 멀미 날까 두려웠고, 엄마의 끝을 보게 될까 두려왔다. 눈물이 났다. 굽이를 돌 때마다 눈물이 굵어지더니, 기어이 훌쩍거리다가 펑펑 울었다. 깜짝 놀란 이모가 나를 달랬다. 얼마나 울었을까, 버스는 어느덧 대관령을 지나 있었다. 몸이 조금 노곤해지더니 멀미는 아예 나지도 않았다. 엄마가 아픈 것도 큰 수술을 받아야 하는 것도 거짓말 같았다.

이따금 할머니는 이상한 말씀을 하셨다. "참지름 한 병 가꼬 바다에 가면 죽어, 산에 가야 살아."

무슨 말씀이지? 바다에서 놀 때면 갯바위나 삼형제바위에 붙은 마른 파래를 입을 대고 긁어 먹었다. 바닷물에 들어가 제자리 트위스트 추듯 발바닥으로 모래를 비비면 조개가 나왔다. 정말 재수 좋은 날에는 바위틈에서 맨손으로 문어를 잡기도 했다. 하필이면 산에 가라니… 할머니 말씀을 도무지 이해할 수 없었다.

그 순간 왜 할머니 말씀이 떠올랐을까. 사실 지금도 그 말씀의 뜻을 잘 모르겠다. 다만 긴 버스길에도 멀미를 하지 않은 최초의 그날, 뭔가 좋은 일이 있을 것 같은 예감이 들었다.

동서울터미널에서 내려 이모와 함께 택시를 타고 올림픽대교를 건넜다. 이내 큰 병원에 도착했다. 다음 날, 네댓 시간 걸린다던 수술이 여덟 시간 만에 끝났다. 아빠와 이모는 애간장이 두 배는 탔을 것이다. 다만, 나는 여기가 끝이 아니라는 걸 어렴풋하게 알 수 있었다.

삼십 년이 지난 지금, 그 뒤로 남은 기억은 병원 책방의 풍경, 키가 엄청 큰 인턴이 대기실 의자에 누워 부족한 잠을 채우다 혼나는 모습, 병실에서 내다보이던 보기보다 넓은 한강이 전부다. 아마도 예감이 맞았기 때문이겠다.

묵호로 돌아온 뒤로는 산이 끝이 아니었다. 산 너머 멀리에는 천천히 회복 중인 엄마가 있었다. 머지않아 엄마가 산을 넘어 돌아올 테니까. 그럼 저 산은, 대관령은, 끝이 아니라 시작인 셈이었다. 끝과 시작이 만난다니 멋진 일이었다. 게다가 오래도록 나를 괴롭히던 멀미야말로 거짓말처럼 정말 끝이었다.

오늘도

장윤서

저기 저 바위 수풀로 들어가면 다른 세계로 가는 문이 있지 않을까, 잘 좀 찾아봐. 형의 들뜬 얘기에 풋 하고 웃으면서도, 정말 그런 문이 있지 않을까 하는 생각을 하게 됩니다. 내가 원하는 세상? 내가 모르는 세상? 요란한 트로트를 크게 틀고서 내려오는 저분들은 어떤 세계에서 넘어온 사람들일까요. 이렇게라도 시간 내서 산을 다닌다는 건 그 문밖의 세상을 몰라서일까요. 아이고 이 미련하고도 꽁꽁 갇혀 있는 철부지 중년아. 작은 돌부리에도 걸리고 휘청댑니다. 요즘 들어 부쩍 잦아졌습니다. 문을 완전히 나선 적이 없던 것 같은데, 계절이 바뀌는 문턱은 해가 갈수록 높아져 청춘의 발가락이 남아나질 않는 듯합니다.

아이씨, 거미줄, 날 앞세운 이유가 거미줄 치우라는 거네. 야 너는, 초가을 마중 나가라는 내 배려를 그렇게 얘기하냐, 팔 좀 휘저으면서 가봐, 나한테 거미줄 걸리잖아. 형, 이 꽃이 뭔지 알우. 모양 잘 봐봐요, 며느리밥풀꽃이여, 배고픈가, 내가 형 며느리도 아닌데 밥풀 물겠우. 먼저 죽는 사람한테 술 한잔은 따라주자. 헉헉, 무거워 죽겠네, 내가 형 먹이려고 보온병에 도시락에. 이겨내, 내가 이기자 부대에서 백오 미리 똥포 포다리를 한 발로 방열했었지. 또 지긋지긋한 군대 얘기유, 포병이라 편하게 차만 타고 다녔겠구만. 난 강원도에서 군 생활 안 한 사람은 인정 안 해. 야아, 저기 다람쥐 다람쥐, 청솔모가 다람쥐도 잡아먹는데요. 잡아먹어? 야야 그놈 얘기는 하지도 마라, 나라 꼴이 이게 뭐냐, 으휴 물소리로 귀를 씻어야지. 그놈은, 아아 저건 유혈목이유, 저건 저건, 아 알았는데 들었는데, 모르겠우 모르는 게 천지유.

산에서는 이래도 됩니다. 아니 그렇게 됩니다. 젊어서는 몰라도 나왔고 중년에는 달라져서 나오고 노년에는 짚으려고 나오고? 애매한 산 들머리 갸웃거리는 손가락 끝에서 나오고 너무도 달라져 있는 와봤던 산길의 가물은 기억 틈에서도 나오고 보이지 않는 등산객의 발자국 소리에서도 울립니다. 내년 봄에는 고개 들어 나를 봐줘 얼레지여 갈 봄 여름 없이 뜬금없이 스쳐가다 바스락거리는 무언가에서 탄성처럼 솟았다가 산안개 처연하게 하얀 봉우리 어깨선을 비릿하게 비껴갈 때 침

넘겨주는 침묵 뒤에서도 나옵니다. 재미없는 돈벌이가 뜬금없는 노래로 변하기도 하고 손흥민의 아름다운 공의 궤적에서도 질주하기도 하며 뻐꾸뻐꾸 말벌 쫓는 허수아비에서도 입만 살아 터지기도 하고 무능한 왕조에 대한 진득한 욕설이 허블망원경의 블랙홀 목소리로 빨려들며 커지기도 합니다. 가까운 미래에서 로또 되어 반으로 나누자는 행복으로 불어오다 저기에서도 빼꼼 지어내서라도 흘리다가 당신에게서 별안간 우르르 쏟아지곤 합니다. 두서없이 맥락 없이 튀어나오는 것 같아 보여도 한없이 자유롭고 저 나름 질서 있습니다. 이 산에 빽빽하게 들어차 있는 풀바람물꽃짐승나무안개새바위처럼 말이죠. 거친 숨소리에 이정표 달아가며 불곡산 임꺽정봉으로 쉬엄쉬엄 흘러갑니다.

형, 임꺽정이 의적이유 나쁜 놈이유. 홍명희 선생의 소설 『임꺽정』 초판을 너무도 재미있게 읽었다는 이 형은 임꺽정과 비슷합니다. 통뼈에다가 소싯적 씨름 좀 했다 하고, 산 모기가 침조차 못 내밀고 버둥댈 정도로 털복숭이인 데다 제대 후 마장동 도축장에서 잠시 일한 적이 있어 나올 답변에 왠지 신뢰가 갑니다. 시대가 혼란한 것도 있었지만 사람 많이 죽였대, 그냥도 죽이고 막 죽이고 잔인하게도 죽였대.

전화가 울립니다. 당연한 듯, 형은 오늘 산행에서도 저만치 떨어져서 엄마 합니다. 순간, 고라니도 멈춥니다. 도토리 열매

한 알도 구르지 않습니다. 일 나왔지 엄마, 왜 어디 또 아프세요? 아구구구 아구구구. 들으려고 한 건 아니었습니다. 아구구구 소리만 들렸지 무슨 내용인지는 들리지 않았습니다. 그런데, 아팠습니다. 어디어디에 약 있구요, 냉장고에 이거저거 해놨어요, 아니야 엄마, 내일 일찍 갈게요. 아구구구 아구구구. 전화가, 잘 안 되네 엄마, …잘 안 돼, 아니 전화가. 아구구구 아구구구 사이로 나의 아버지가 불쑥 떠오릅니다. 초기 치매 증상, 아구구구도 잊으신 건가. 내가 아버지 전화번호를 잊은 거였나.

　아버지, 어릴 적 설악산 흔들바위를 오를 때 아버지는 나에게 짐을 지게 하지 않으셨죠. 그때는 가벼웠어요. 오롯이 나로만 가득했었지요. 그때의 나처럼 꼬맹이 임꺽정이도 여기 암릉 지대를 고라니처럼 뛰어다녔겠지요. 산을 오르던 사람들의 칭찬 소리에 우쭐대며, 뒤처지는 아버지를 장난스럽게 뭐라 놀리던 그때, 내 짐 때문이었나요. 혹시라도 도둑질을 하셨다면 이 무겁고도 무거워지는 가족 때문이었나요. 청년의 당신을 배반해야만 했던 아버지로 만든 사람은 그렇게도 해맑고 까불대던 나였었나요. 아버지는 나에게 도둑질을 하라고 하지 않으셨어요. 그런데 아버지, 산 아래 저는 임꺽정일까요. 임꺽정을 꿈꾸고 있는 건 아닐까요. 나도 모른 채 임꺽정이었을까요. 누군가에겐 서럼이었을까요, 서럼이었겠죠, 이겠죠. 아니면 잡아먹는 그놈일까요. 도대체 누구일까요, 누구 때문일까요. 왜일까요. 누군가는 죽어야지만 끊어낼 수 있는 건가요. 끊는다고 끊기기는 하는 건가요. 아구구구 아구구구 아구구구 아구구구.

오늘은 뭘 먹으러 갈까. 하산길이 얼마 안 남았는지 가벼워진 배낭에 와락 엉겨 붙어 말꼬리를 신나게 훼훼 쳐봅니다. 오늘도 역시 이렇게 갔다가 쓸모없는 잡생각 툭툭 발로 차가며 다시 짠 내 나는 몸으로 터덜터덜 돌아갑니다. 너무 멀리까지 생각하고 싶진 않습니다. 내일의 아버지? 내일의 할 일? 내일의 아내의 잔소리? 이건 좀 더 오래 생각해야 하려나. 내일의 내 방? 너무 가깝다면 넉넉히 다음 계절 정도? 어차피 이 배낭은 그대로 내 방에 들여놨다 다음 산행에 고스란히 가져올 겁니다. 배낭은 다시 무거워질 것이고 어쩔 수 없이 쳐진 거미줄은 어쩔 수 없이 다시 붙어 다니겠지요. 다시 풀어내고 털어버리려 어딘가의 산에 갈 겁니다. 정상에 올랐다고 모든 일을 다 해낼 수 있겠다는 그런 달콤한 기운은 더 이상 나의 몫이 아닌 듯합니다. 점심 무렵, 나무젓가락을 빌려주실 수 있겠냐며 쭈뼛거리던 그 청년들. 빼앗지 말고 뺏기지 말고 버리지 말고 잘 쓰시고서 아주 한참 후에나 반짝거리는 누군가에게 넘겨주시길, 아니 나눠주시길.

오늘 산행에서도 역시 비밀의 문은 발견하지 못했습니다. 대신 한두 주 정도 버틸 수 있게 그럭저럭 털어냈고 조금은 모자라게 채웠습니다. 어디 산을 가도 어떤 곳에 있어도 나가야 하는 문밖은 아구구구의 세상. 나무와 나무 사이를 나와서 사람과 사람 사이로 들어갑니다. 도토리 열매는 다시 툭 툭 떨어져 굴러당길 것이고 고라니 어딘가에서 퍼러펄쩍 뛰어당기겠지요.

날머리 지나기 전 복면 아닌 마스크를 써야 합니다. 부디 도둑질을 당연하게 여기지 않게 해달라면서. 도둑질을 했다면 그 짓을 잘 포장된 시로 꾸며대지 않게 해달라면서. 그것마저도 힘들다면 제발, 제발 누군가를 죽이지만 않게 해달라면서. 이런 우리를 스스로가 서로가 배반하지 않게 해달라면서.

안녕

장윤서

　신 군의 미소는 너무도 싱그러웠습니다. 삼 일 동안 내리던 비, 구름 사이로 잠깐 갠 하늘. 그런 파란 미소를 지으며 사진을 좀 찍어달라던 그. 백팔십 센티가 훌쩍 넘는 키에 히말라야 설산과 같은 하얀 얼굴, 한참을 달려도 끝이 없을 것만 같은 그의 탄탄한 가슴팍은 내 얼굴을 묻고 싶을 정도로 매력적이었습니다. 좋지 않은 가정 형편 속에서도 기자를 꿈꾸다 히말라야를 품고 싶다며 해병대를 갓 제대하고 트래킹을 온 그는 예의까지 발랐습니다. 동행하는 우리를 대접한다며 자신이 아껴 먹을 라면을 손수 끓이더니 계란 노른자를 터뜨리지 않은 잘생긴 반숙까지 올려주던, 샘이 날 정도로 멋진 청년이었습니다.

카트만두 버스 터미널, 불부레로 출발하는 버스 안에서 그를 처음 만났습니다. 서너 차례 이상 히말라야에 왔었던 저에게 결의에 찬 표정으로 홀로 배낭을 멘 젊은 청년을 보는 것은 언제나 반가운 일입니다. 출발 전 네팔의 맑은 햇살 속에서 차 한잔하며 통성명을 했습니다. 여덟 시간이 넘는 흙먼지 가득한 낡은 버스에서 시달리다, 허름한 휴게소 화장실에서 볼 일을 같이 보며 우리는 동행을 하기로 했습니다. 오천사백십육 미터, 세계에서 가장 높다는 쏘롱라고개. 포터도 없이 온 그는 자신감이 넘쳤습니다. 고산병에 대해 묻던 그는 커다란 배낭의 끈을 질끈 조이며 성큼성큼 그의 어깨 품만큼 내딛었습니다. 그곳을 향해 가던 삼 일차서부터 비가 내리기 시작했습니다. 네팔의 겨울에 비라니, 이천삼백 미터에 위치한 다나큐라는 마을에서 우리는 꼬박 삼 일 동안 날이 개기를 무료하게 기다리고 기다렸습니다.

미스터 장, 소녀가 관심 있대. 다나큐 숙소에서의 이 일차 저녁, 우리의 포터인 두루바가 난롯가에서 불을 쬐던 저에게 간지러운 영어를 소곤댑니다. 소녀는 이 숙소의 사장입니다. 그녀의 아버지와 어머니는 한 달째 이틀 거리의 마을에 내려가 있었고 열여섯 살인 그녀 혼자 우리만 있던 숙소를 관리하며 음식을 해주었습니다. 소녀는 눈이 커다랗습니다. 긴 생머리가 아주 까맣습니다. 내 어설픈 영어 농담에 모른 척하다가도 곧잘 웃음을 터뜨리기도 하는 아주 새침한 소녀입니다. 두

르바, 내 나이 사십이 넘었어, 안 돼, 하하 안 돼. 이 터져 나오는 실소와 왠지 만족스러운 기분은 무엇일까요. 그 소녀의 순정과 커다란 눈망울에 맺힐 눈물이 안쓰러워 난 최대한 휘이 휘이 하며 손사래를 허공에 연신 날렸습니다.

"Nononononono, Not you. Mr. Shin! Shin! Shin! Shin!"

나와 비슷한 연배였던 두루바는 마치 눈사태라도 일어난 듯 다급하게도 말합니다. 내 부족한 영어 실력을 메꿔주기라도 할 요량인 듯 신신신신을 쉴 새 없이 쏟아냈습니다. 소녀의 커다란 그 눈은 날 향했던 게 아니었습니다. 그 까맣던 생머리는 날 위해 빛났던 게 아니었습니다. 신, 신, 아 그래, 신 앞에 겸손하지 못했구나, 아니 겸손하지 못한 게 아니라 난 신이 아니었구나. 어디에선가 신이 날 보고 그 파란 미소를 짓고 있을 것만 같았습니다. 네팔의 겨울에 비라니, 이제는 이상기후가 아니라 일상으로 받아들여야 하나 봅니다. 다나큐 너머는 폭설이 내려 길이 다 막혔답니다. 쏘롱라고개로 향하던 트래커들이 하나둘씩 내려오며 저와 무언의 눈인사를 나눕니다. 빗줄기는 사그라져도 그들도 나도 당연히 알고 있습니다. 우리는 내려가야만 합니다.

안나푸르나의 빙하가 녹아 거침없이 쏟아지던 계곡물이 강처럼 잔잔하게 흐르는 탈 마을입니다. 우리는 꼬박 삼 일을 기다리다 쏘롱라고개를 포기하고 발걸음을 돌렸습니다. 신 군은 이대로 돌아가기는 아쉽다며 안나푸르나 베이스캠프행을 결심했습니다. 나와 같이 동행하는 선생님께서는 신 군을 사윗감으로 생각하셨는지 작별을 고하는 그의 등 뒤에 잔잔한 애정의 눈길을 깔아주십니다. 신 군은 갔고 우리는 탈 마을에 머물렀습니다. 그가 갈 곳은 위험하고도 아름다울 것입니다. 우리가 묵는 탈 마을도 변함없이 고요하게 아름다웠습니다.

거의 이십 년이 돼가는 듯합니다. 국망봉에 다시 와봤습니다. 그날의 거센 파도 소리와 같은 바람만 기억날 뿐, 정상에 오를 때까지 아무것도 기억나지 않았습니다. 그날의 거센 나는 없었고 거센 숨소리만 가득했습니다. 국망봉 정상에 오른 뒤, 왠지 모르게 신이 나 상의를 탈의하고 덩실덩실 춤췄던 기억만 떠올랐습니다. 그날의 나는 어디로 갔는가. 나는 그날에 머무르고만 있는가.

여기 오신 지 사오십 년은 되었을까요. 인상 좋으신 어르신 세 분이 옅은 환호성을 내면서 정상에 머리를 비추십니다. 예전 같으면 말 섞기 싫어 자리를 피했을 내가 그들과 반갑게 말을 섞습니다. 진심을 다해 대단하시다 감탄을 해드리고 사진까지 다양하게 찍어드립니다. 저에게서 파란 미소가 비쳤던 걸까요. 가방에서 팥양갱을 꺼내시곤 정중한 존댓말까지 얹어 하산길 안부를 건네십니다. 팥양갱이 이렇게나 맛있는 줄 이제야 알겠습니다. 어르신들이 국망봉에서의 전망처럼 아름다웠습니다.

  이제 탐험은 하지 않겠습니다. 도전하는 이들을 더 이상 부러워하지 않고 진심으로 대단하다 박수를 쳐주겠습니다. 울퉁불퉁한 로맨스도 이제는 내 것이 아닙니다. 높이여, 넓이여, 깊이여, 추위여, 암벽이여, 빙벽이여. 정상이여, 한때는 가득했던 무모함이여. 안녕, 안녕.

  안녕, 쏘롱라고개여. 안녕 에베레스트여. 안녕 안나푸르나여 마나슬루여. 안녕 국망봉이여.

나무 데크를 놓을까 걷어 치울까

장윤서

좋은 사람들과 산에 가는 건 꽤나 소란스러워지는 일입니다. 소풍 당일, 새벽녘부터 일어나 김밥을 싸시는 어머니의 마음까지는 아니더라도 산행 약속이 잡히면 일정을 짜고 교통, 식사 등 여러 정보를 검색하고 기록해야 합니다. 잠 설친 눈에 운전대를 잡다가도 가는 내내 부산하게 입술을 들썩이며 평소보다 더 크게 웃음이 나오느라 엉덩이까지 들썩이는, 그야말로 굉장한 기운이 필요한 일입니다. 산행 약속을 아무와 함부로 잡지 않는 이유이기도 하지요.

봄의 곰배령. 빗방울화석 시인들과 20년 전 그렇게 온몸을 들썩이며 간 적이 있었습니다. 곰배령 일대는 일일이 이름을 열거하기 힘들 정도로 생전 처음 보던 꽃들로 가득했습니다.

하늘과 바람과 별과 시*와 짐승이며 날짐승이며 그것들의 눈이며 귀며 사지며, 고개 숙인 얼룩덜룩이와 외롭고 처연한 사내 곁에 요강들도 있었고 그 요강을 타고 넘던 광대, 애기 똥을 받아주던 주렁주렁 노리개들…. 가난하고 외롭고 높고 쓸쓸하니 그리고 언제나 넘치는 사랑과 슬픔 속에** 사는 모든 것들이 따뜻하게 그 이름이 불렸다가 이 이름이 아닌가 했다가 정정됐다가 다시 불리는 동안에도 세상의 갖가지 색깔과 모양을 하고선 봄의 한가운데에서 하늘거리고 있었습니다.

사람이 죽어서 천국이란 곳을 간다면 천국은 이런 곳이겠다는 생각이 들었습니다. …잘 계신 거죠? 내가 죽어서는 아무래도 천국을 못 갈 것 같아 이 꽃들이 너무도 그리워지기까지 했습니다. 인간의 키에서도 야생화들이 너무나 멀리 있었습니다. 무릎을 꿇고 허리를 숙여 머리를 조아리고 봐야 비로소 열리던 꽃의 세상. 사랑할 내 님의 새끼손톱만 한 꽃인데도 세상에나, 암술이며 수술이며 꽃받기에 꽃받침이 다 들어차 있었습니다. 거센 눈보라가 아니어도 아주 작은 야생화들은 쉴 새 없이 저를 기꺼이 복종하게 만들었습니다.

사방에 깔린 야생화를 피해 조심스레 곰배령 평원에 누웠습니다. 내 배도 곰의 배처럼 한껏 부풀려보며 이 평원에 잔설

---

* 윤동주의 시집 제목.
** 백석의 「흰 바람벽이 있어」 부분.

녹듯 스며들었습니다. 하늘도 햇살도 구름도 바람도 새소리도 야생화도 빗방울화석 시인들도 수면에 이는 물무늬처럼 여기로 저기로 서로에게로 깊고 멀리 퍼지고 섞여갔습니다.

20년 후의 봄. 어렵고도 오래 걸렸습니다. 직장에서 만나 엉덩이를 들썩이게 하는 이들과 곰배령을 찾았습니다. 일행들에게 죽어서 천국, 죽어서 천국이라고 한껏 입술을 들썩였던 이곳. 지금의 곰배령은 인터넷으로 예약을 해야만 들어설 수 있습니다. 예약이라…. 산행 전부터 좀 낯설었습니다. 낯선 커다란 주차장에서 낯선 탐방지원센터를 지나 낯설고 낯선 기억의 탐방로를 걸어갑니다. 야생화로 온 산이 뒤덮였던 것 같은데, 듬성듬성한 내 기억처럼 야생화들이 그렇게 많아 보이진 않았습니다. 20년 동안의 그 틈에서 도대체 무슨 일들이 있었던 걸까요. 기상이변이 휘몰아쳤을까요. 멧돼지가 여기도 난리를 친 건가. 봄의 한가운데가 아니었던가. 누나와 덕이는 이게 나지막한 언덕이냐며 자기들을 또 속였다고 정겹게 투덜댑니다. 아, 이게 이게 한계령에서 처음 발견됐다는 한계령풀꽃이여. 낯섦을 떨쳐내고자 더 노랗게 호들갑을 떠는 나를 누나와 덕이는 꽃보다 더 신기하게 쳐다보았습니다.

낯섦도 절정이 있을까요. 드디어 도착한 곰배령 능선. 탁한 갈색의 나무 데크가 그날의 드넓고 푸르게 펼쳐졌던 평원을 이리저리 기다랗게 갈라놓고 있었습니다. 몽환적이기까지 했던 곰배령의 기억을 멧돼지 수십 마리가 아쉽고 거칠게 파헤치고 뒤집고 있었습니다. 곰배령을 처음 방문했는지 다른 탐방객들은 그때의 나처럼 연신 탄성을 내면서 온몸을 들썩이고 있었지만 나는 데크에 갇힌 채 기억과 현재 사이에서 어색한 감동을 억누르지도, 크게 터뜨리지도 못하고 있었습니다. 맑은 하늘도 탁한 갈색빛인 듯했습니다. 구름도 이 나무 데크에 걸려 이지러지는 듯했고 바람도 새소리도 데크 주위만 맴돌다 흐르지 못하는 듯했습니다. 야생화도 간신히 햇살에 기댄 채 이쪽과 저쪽으로 봄을 빗겨나가 피어 있는 듯했습니다.

이제는 어쩔 수 없겠지요. 우리만 알고 있던 비밀의 장소는 인터넷에 모두의 비밀의 장소로 사라져갔고 탐욕까지는 아니더라도 인간의 일상 자체가 파괴인 지금, 나무 데크를 놓는 건 어쩔 수 없는 일이겠지요. 곰배령을 처음 왔던 탐방객들은 나무 데크가 깔린 곰배령을 천국으로 기억할 것입니다. 그 천국의 모든 살아서 움직이고 숨 쉬는 것들은 그들에게 봄이 되면 방랑 몸살을 앓게 하는 강력한 주인이 되겠지요. 그날의 천국을 보았더라면…. 시간의 간극, 그 간극으로 어쩔 수 없이 생긴 못내 아쉽고도 서운하기까지 한 우리들 간의 기억의 틈.

그래서 평계 김에 한잔합니다. 곰배령 오가는 길목에 있던 강선 마을, 그날엔 없던 산나물전을 팔더군요. 누나와 덕이는 야생화를 볼 때보다 더 이 산나물전의 고소함과 푸짐함과 바삭거림에 천국에 온 표정을 짓습니다. 인간으로 태어남을 감사하게 여길 정도의 봄의 산나물전. 약간의 분함을 느낄 정도로 나무 데크가 좀 희미해집니다. 한참을 파헤치다 잠들었는지 멧돼지들도 조용하네요. 같은 표정이 나옵니다. 같은 기억이 피어납니다. 천국에도 모퉁이는 있겠지요. 천국의 모퉁이쯤에서 그대들과 산나물전에 막걸리 한잔?

누나야. 공부밖에 모르고 길 가다 자꾸 넘어졌을 정도로 약했던 대구의 조그마한 여학생 시절부터 1987년 화염병을 몰래 숨겨 다녔다던 서울대 신입생 시절에도 나무 데크 없던 때가 있지 않았나. 누나야 그때처럼 강남 아파트로 서울대로 대구로 화염병 좀 숨겨올 순 없는 거나. 덕아 덕아. 히말라야에서 꾹 참았던 울음을 내 앞에서 서럽게 터뜨렸던 꼬맹이 동연이, 이젠 내가 동연이 앞에서 조금은 훌쩍여도 될 만큼 어깨 좀 넓어졌나. 먹성 좋은 소연이는 꽃반지도 좋아하려나. 여름 같은 애들에게 나무 데크는 당연한 것일까, 필요한 것일까.

야생화, 필요한 것들만 아낌없이 다 들어차 있던 그 작은 세계. 우리들, 저절로 억지로 살아오다 겹쳐진 지금. 이 짧은 시간의 순간에도 무엇으로 명명해야 될지 모를 벅찬 감정들이 웃음으로 추억으로 위로로 슬픔으로 침묵으로 비밀로 애정으로 가득 차 있습니다. 행복하게 산나물전을 먹고 있는 다른 기억을 가진 사람들과도 허리 굽히고 머리를 조아리며 보고 싶습니다. 우리는 나무 데크를 놓아야 할까요? 아니면 나무 데크 걷어치우고 평원을 자유롭게 걸어보며 팔 벌리고 누워볼까요? 아, 어쩌면 좋단 말입니까. 이렇게 봄바람이 새소리 물소리 손잡고 아장아장 아장아장 떠다니는데. 꽃들은 합창하듯 햇살을 그늘을 노래하는데. 벌 나비는 여기저기 이 꽃 저 꽃 주둥이 깊숙이 파묻으며 우리들도 서로에게 그래 보라는데.

영혼의 소리

장윤서

　마나슬루 트래킹 이 일차. 전날 묵었던 숙소, 하늘이 뻥 뚫린 화장실, 깨진 전등 위에 둥지를 튼 제비 가족들을 신기하게 바라보았다. 순간 천둥소리가 울렸다. 그 천둥소리는 밤새 간헐적으로 둥지를 흔들어댔다.
　다음 날 감베시 마을을 지나자마자 그 천둥소리의 정체를 알게 됐다. 폭발음이었다. 거칠게 깎인 산길 옆으로 짐을 잔뜩 실은 노새 무리가 흙먼지를 푸푸 뱉어내며 무표정으로 묵묵히 이동 중이었다. '영혼의 산'이라는 마나슬루. 마나슬루 일대뿐만 아니라 네팔 전역은 산길을 넓히고 닦는 공사가 한창이다. 군인들이 총을 들고 지켜보는 가운데 먼지투성이의 남자들이 착암기로 쉴 새 없이 돌을 뚫고 있었고, 일제 포클레인은 위태

롭게 큰 바위를 부리간다키 계곡으로 쉴 새 없이 굴리고 있었다.

가이드 하르가는 이 공사는 국책 사업으로 티베트에 인접해 있는 마을까지 깊숙이 진행될 거라 했다. 중국과의 분쟁을 대비해서든 관광지 개발을 위해서든, 현지인들은 그렇게 좋아하지는 않는다고 했다.

몸통이 찢겨진 어린 나무 하나, 깨진 바위틈에 삐죽 솟아 있다. 이방인은 감성적이고 이기적이다. 저 나무뿌리가 끝까지 살아남았으면 한다. 이리저리 깎이고 파헤쳐진 위험한 길인데도 한 무리의 꼬마 애들이 염소 떼처럼 스위티 스위티(사탕이나 초콜릿) 외치며 우리에게 달려온다. 절대 그들을 동정 어린 시선으로 보지 않으리라. 보면 안 되리라. 이 순간에도 착암기와 포클레인 소리가 끈질기게 우리를 둘러싼다. 밤새 제비 가족의 둥지를 흔들어대던 폭발음 소리도 환청인 듯 울려댄다. 영혼을 부수는 소리인가, 영혼을 깨우는 소리인가. 나는 너희들에게 무슨 소리더냐. 너희들은 나에게 어떤 소리더냐.

이틀 정도가 지나서야 폭발음이 들리지 않았다. 착암기 소리처럼 정신없던 산길도 드디어 자연의 숨결을 하고 있었다. 꽃도 나무도 꽃이고 나무였다. 수십 개의 거대한 폭포가 바람에 맞춰 긴 노래를 높은 벼랑에 날리고 있었다. 무지개들은 그 노래 주위를 둘러싸며 무희처럼 두근댔다. 두근대라, 설산이 빛나리라. 드디어 설산이 보이기 시작하는 쇼 마을(2930미터)에서 점심을 먹기로 했다.

강렬한 태양빛에 언 채 불타는 설산만큼 놀라운 광경이었다. 식당 마당 한편에 허름한 천막이 쳐져 있었고, 그 안에서 세 명의 마을 남성이 꾸깃한 흰 천에 빔프로젝터를 비추며 노트북으로 뭔가 작업을 하고 있었다. 마을 주민들이 모여 영화를 본다고 한다. 십이 년 전 처음 왔을 때만 해도 전기조차 잘 들어오지 않은 곳이 많던 네팔이었다. 이제는 마을 숙소마다 와이파이가 되며 낡은 축구공을 굴리기보다 구식 스마트폰으로 영상을 보는 아이들이 더 이상 낯선 광경이 아니다. 하지만 이 깊숙한 시골 마을, 노트북에 연결한 빔프로젝터는 처음 보는 광경이었다.

한국에서 아이들을 위해 준비했던 필기구들이 거의 동이 났다. 이방인을 바라보는 저 조그마한 아이들의 눈망울은 거부할 수 없는 복종을 불러왔고, 난 한가득 가져온 무설탕이지만 단맛이 나는 신상품 껌을 한 알씩, 한 알씩 그들의 흙빛 손에 올려주었다. 껌을 받은 아이들은 어색한 인사를 하고선 입에 껌을 물은 채 마당 자리에 나란히 앉아 천천히 우물우물하고 있었다. 그들의 부모와 할아버지 할머니 들은 그 모습을 흐뭇하게 바라보고 있었다. 그 미소가 어린아이들의 눈망울 같았다. 나는 또 복종당해서 어른들의 더 오래된 손에도 껌을 올려주었다. 어른들도 아이들 틈에 순서 없이 앉아 그들과 똑같이 우물우물하며 행복한 표정을 짓고 있었다.

영화를 상영한다는 공지가 있어서였을까, 아니면 달콤한 껌의 향기가 흘러 퍼졌던 것일까. 마을 주민들이 하나둘 모여들었다. 소식을 전해 들었는지 숨이 턱까지 차올라 뛰어오는 아이, 자기는 껌을 받지 않았다는 듯 시치미를 뚝 뗀 채 다시 오는 아이들도 있었다. 의정부에서 팔 년 동안 일했다며 어설픈 한국어를 자랑하시던 아저씨도 오시고, 껌을 드리자 앞니 하나만 남기고 남김없이 웃으시던 할아버지도 오시고, 갓 난 동생을 힘겹지만 신나게 안고서 오는 조금 덜 갓 난 아이도. 마치 동네 사람 모두가 온 듯 식당 마당은 붐볐지만 이들 모두는 아무 말 없이 나란히 앉아 우물우물하고 있었다.

이게 영혼인가. 영혼이 만들어지는 중인가. 벅찼다. 설명할 수 없이 몸이 움직여 식당 마당가 가장 높은 담에 올라섰다. 저 건너편 꼬물꼬물 움직이는 사람들에게도 닿을 듯이 소리쳤다. 껌! 꺼엄! 꺼어어어어엄! 거대한 협곡 사이 고요한 쇼 마을에 껌 소리가 울려 퍼졌다. 조각구름은 천천히, 아주 천천히 흘러가며 여기저기에 솜사탕 같은 그림자를 부풀리고 있었다. 우리는 마을 주민들을, 마을 주민들은 우리들을 아무 말 없이 엷은 미소만 띤 채 우물우물 껌을 씹으며 한참을 서로 바라만 보았다.

전날부터 흩날리던 눈송이들이 새벽녘에는 펑펑 쏟아지더

니 점심 무렵 라르키아 라(5160미터) 고개 부근부턴 화이트아웃이 되어 한 치 앞도 보이지 않았다. 다람살라(4470미터)를 출발한 지 열 시간째, 게다가 일행인 형이 고산병이 왔는지 좀처럼 걷질 못하고 있었다. 불길한 느낌이 들기 시작했다. 일생에서 두어 번밖에 못 가져본 직감이었다. 그 형은 자기 발걸음처럼 띄엄띄엄 힘겹게 얘기했다. 너, 먼저, 내려가, 뒤따라갈게.

다음 마을은 밤탕(3740미터)이다. 무조건 이 마을에 가야만 한다. 아직 이 고개를 넘지도 못했는데 이곳에서 거기까지는 네댓 시간이 더 소요된다. 그곳까지 갔다가 다시 올라올 엄두가 나지 않았다. 무엇보다 한 번도 보지 못한 형수님을 나 혼자서 볼 용기가 나지 않았다. '악마의 이빨'이라고도 하는 마나슬루. 안타까운 사고를 당했던 우리나라 원정대 이야기가 문득 스쳐갔다. 무서운 눈보라 소리만 가득했고 무조건 같이 내려가야 한다는 생각밖에 안 들었다.

앞서가던 노르웨이 노부부가 보였다. 할머니가 내 눈앞에서 갑자기 픽 쓰러졌다. 아무 말도 안 나왔다. 그냥 지나쳤다. 나는 생각만큼 좋은 사람이 아니구나라는 생각도 문득 들었다. 하지만 이 생각도 그냥 지나쳤다. 지나치고 지나치다 보니 밤탕 마을 언저리에 도착했다.

오후 5시. 바람은 잦아들었고 우리는 길가에 앉아 잠시 휴식을 취했다. 좀 전까지 펼쳐졌던 악몽이 숙소에서의 따뜻한 음식과 잠자리로 바뀌는 마술을 얘기했다. 축복 같은 함박눈이 감동적으로 내리고 있었다.

　마을 쪽에서 두 명의 네팔 중년 남녀와 짐을 제법 실은 노새가 오고 있었다. 무엇보다 눈밭에 파묻힌 낡은 신발이 눈에 들어왔다. 우리 가이드와 이야기를 나눈다. 불길한 느낌이 들었다. 가이드가 놀란다. 그들이 우리를 걱정 어린 눈빛으로 힐끗 쳐다본다. 난 무엇을 들킨 것마냥 고어텍스 등산화를 무릎 뒤로 오므렸다. 몇 마디 이야기를 더 나누더니 그들은 우리가 내려왔던 고개 쪽으로 천천히 발걸음을 옮긴다.

　마을은 텅 비었단다. 겨울이고 트래킹 비수기라 밤탕 마을 주민들은 아무도 남아 있지 않다고 했다. 그다음 마을은 밤탕 마을에서 서너 시간 더 걸어야 있다. 형의 눈빛이 길을 잃었다. 한참 뒤에 반드시 왔으면 하는 노르웨이 노부부의 길은 어떻게 한단 말인가. 하지만 그보다 더 놀라운 사실은 지금 이 시간에 그 네팔 남녀와 노새가 저 악몽 같은 라르키아 라를 지나 다람살라를 거쳐 삼도(3690미터) 마을까지 식료품을 가지고 간다는 것이었다.

　더 이상 솜사탕 같지 않은 먹구름에선 함박눈이 무겁게 떨어지고 있었다. 우리는 선뜻 일어서지 못한 채 고개로 가는 그들의 덤덤한 뒷모습과 노새의 아무렇지도 않은 꼬리의 휘적거림을 아무 말 못 하고 보고만 있었다. 노새 목에 걸려 있는 작은 종에서 댕댕 소리가 눈송이 사이로 울려 퍼졌다. 노새를 재촉하는 건지, 그들의 신의 귀에 닿게 하려는 건지 모를 긴 휘파람 소리가 멍멍한 우리를 하염없이 찌르고 있었다. 내 세상에선 못 들어본 그 소리, 너무도 끈질기고 오래된 폭발음이 멈춘 것만 같은 시간을 계속 울려대고 있었다.

봄이 다시 왔다

한국호

삼월에 우리는 가난하다. 남편은 문화예술활동을 하는 프리랜서이다. 남편의 한 해 활동과 수입은 그해 어떤 사업에 선정되느냐에 따라 달라진다. 애석하게 일월이나 이월부터 시작되는 문화예술사업은 없다. 남편은 십이월 마지막 벌이로 다음 해 이월까지 난다. 이월까지는 어떻게든 버텨도 삼월은 참 막막하다. 코로나19 탓에 예정되었던 공연과 프로그램이 모두 취소되는 혹독한 시간을 보내고 맞이한 삼월이라 더욱 움츠러들 수밖에 없다. 올해는 일을 할 수 있을까. 뭐 해 먹고살지? 입 밖으로 꺼낼 수 없는 생각들이 맴도는데, "원효봉이라도 갈까?" 오랜만에 무언가 하자고 남편이 말했다. 시커먼 얼굴로 한숨만 푹푹 쉬던 남편이 먼저 꺼낸 말. 코로나19 이후 밤 산책 말고는 걷는 시간이 없었다. 그마저도 춥다고 시들해진 지 한참이었다. 거절할 수 없었다. 그래, 나가자.

　북한산성 입구에서 김밥과 물을 사고 산길 초입에 들어섰다. 등산 용품 매장과 단체석을 구비한 식당 건물을 지나 몇 걸음만 오르면 길이 좁아지고 다른 세계가 펼쳐진다. 바스락거리는 낙엽과 알갱이 흙들, 크기가 제각각인 돌들을 밟으며 천천히 걷기 시작했다. 바람은 차도 햇살이 제법 따뜻해졌다. 계곡을 따라 오르막길이 시작되고 고개를 살짝 들면 암벽과 봉우리들이 보인다. 물소리도 들린다. 힐끗, 남편을 봤다. 남편도 나처럼 숨통이 트이기 시작했을까? 나는 남편에게 말을 걸고 싶어졌다. 좋다, 나오길 잘했다. 사람들이 꽤 있네, 몇 마디를 툭툭 던졌다. 요즘 무슨 생각을 하는지, 기분은 어떤지 나란히 걸으며 몇 마디 주고받고 싶었지만 내려오는 사람들이 있어 우리는 앞서거니 뒤서거니 하게 되었다. 나는 남편의 뒤통수, 등산화 뒤꿈치를 보며 걷다가 멈춰 섰다. "이 나무 뭔지 알아? 봐봐. 다른 나무들이랑 다르잖아." 몰래 나무 이름 표지를 봐두곤 아는 체했다. "이게 그 은사시나무래. 몽달씨. 은사시나무." 뒤돌아선 남편이 잠깐 은사시나무를 바라본다. "껍질 색이 다르네." 남편도 나도 읽은 적이 있는 소설 이야기로 물꼬를 틀 수 있을까 기대했지만 허탕이었다. 그러곤 말없이 다시 걷기 시작했다.

　보리사 앞에 도착해서야 물 한 모금을 마신다. 이제 좀 더 깊은 산길로 들어설 것이고 오르막이 있을 것이다. 오랜만에 걸어서 그런지 벌써 무릎이 아파온다. 남편도 손으로 허리를 받치고 있다. 힘들어 보였다. 그래도 어쩔 수 없지. 지금보다 조금 더 힘들 걸 알지만 올라가고 싶었다. 주위가 어둑해지고 길이 더 좁아졌다. 여기서는 나란히 걷고 싶어도 걸을 수 없다. 구불구불한 길을 오르락내리락하다 북문까지 이어지는 가파른 오르막에 다다르자 발이 점점 더 무거워지고 숨소리가 자꾸 거칠어졌다. 그때 따드드드 울리는 소리. 딱따구리인가 봐. 고개를 들어 나무 사이사이를 살펴도 딱따구리는 보이지 않았다. 정적 속에 딱따구리 소리와 바람 소리와 이름 모를 새 소리가 함께 흘렀다. 괜찮아? 어. 안 힘들어? 조금 힘드네. 무슨 생각 해? 그냥. 우리는 잠시 서 있었다.

  언제부터였는지 모르겠다. 왜 여기일까? 괜찮다는 말조차 꺼내기 어려워질 때 그냥 습관처럼 산에 가자고 말했다. 학부 시절엔 형제봉을, 불광동에 살 땐 사모바위를, 고양시로 이사 와서는 원효봉이었다. 조금 떨어져서 숨이 차도록 걷다 보면 복잡한 생각이 덜어지고 단순해졌다. 땀이 흐를 때, 숨이 찰 때 잠깐 멈춰 숨을 고르면 편안해지고 간혹 바람이 불기도 했다. 지금처럼 사방에서 들리는 소리에 집중하며 보이지 않는 것들을 떠올리다 보면 하루하루 하고 싶은 일, 할 수 있는 일을 조금씩 찾아 사는 것이 가벼워졌다. 모르는 사람에게 간단한 덕담이나 눈인사를 나눌 정도로 마음이 열리면 이 정도의 모양으로 사는 게 나쁘지 않아졌다.

　북문을 지나 성벽을 조금 따라가다 성큼성큼 원효봉 넓은 바위에 올라섰다. 탁 트인 하늘. 남편은 백운대, 만경대, 노적봉까지 펼쳐지는 능선을 한참 바라보았다. 남편의 뒷모양이 제법 단단해 보인다. 뒤꽁무니를 따라 걷다 보니 조바심 나던 마음이 사라졌다. 김밥 한 줄을 손에 들고 이쪽저쪽 오가며 오늘의 한 끼를 시작했다. 김밥 냄새를 맡았는지 고양이들이 하나둘 나타났다. 어? 또 있네. 애네들은 어떻게 여기까지 왔을까? 김밥엔 관심이 없고 뚜껑에 따라준 물을 홀짝대는 고양이들에게 여기서 여러 해 겨울을 어떻게 났냐고 묻는다. 그리고 지금 막 떠오른 마음을 고양이에게 털어놓는다. 우리도 겨울을 잘 났다고. 봄이 다시 왔다고.

산책

오하나

정맥 시가 통 안 써졌다. 마감은 다가오는데 어디도 가지 못하고 초고도 못 쓰고 있었다. 지도를 보니 그나마 가까운 곳이 한남정맥의 문수산이었다. 강화도에서 맛있는 저녁을 먹자며 산에도 시에도 관심 없는 남편을 부추겨 함께 갔다. 이렇게 간다고 정맥 시가 툭 하고 나오지 않는다는 것을 알고 있지만 그래도 어디든 가야 무어라도 쓸 수 있을 것 같았다. 문수산이 어떤 산이고 한남정맥이 어디쯤에 있는지 잘 모른 채 무작정 차를 몰았다. 점심 넘어 출발했으니 해 지기 전에 하산하려면 서둘러야 했다.

남편은 시작도 전에 정상까지 갈 거냐고 물었다. 산을 타기 시작하면 나는 꼭 정상까지 오르려 한다. 이번에도 정상까지 가고 싶지만 이미 해가 조금씩 기울고 있어 어려울 것 같았다. 그래도 마음속 저 밑에서는 일말의 가능성을 열어두고 산에 올랐다. 일요일인데도 사람이 많지 않아서 더위를 피하러 온 몇몇 사람들이 돗자리나 텐트를 치고 쉬고 있는 모습이 보였다. 산 초입부터 울창한 여름 숲이 시원한 그늘을 만들었다. 조금씩 경사를 높이며 능선 쪽으로 향했다. 눈앞에 윙윙거리는 날벌레 떼를 손으로 쫓으며 땅만 보며 걸었다. 오랜만에 하는 산행이라 시작부터 땀이 줄줄 났다. 매번 산은 내가 가자고 하고 남편은 마지못해 따라오는 쪽인데 막상 산에 오르면 남편은 성큼성큼 앞서가고 내가 겨우 뒤꽁무니를 쫓아가는 쪽으로 바뀐다. 뒷사람과 속도를 맞추라고 잔소리를 하려다 그만두었다. 마지못해 따라왔는데 군말 없이 잘 가주는 게 고마웠다. 땀을 한 바가지 흘리며 한 발 한 발 내딛고 있는데 저만치에서 남편이 우와 하는 소리가 들렸다. 조금 더 힘을 냈다. 나도 빨리 보고 싶다.

 능선에 서자 시야가 뻥 뚫리고 하늘이 펼쳐졌다. 하늘 밑으로 작은 빛 알갱이가 모여 강물을 이루고 있었다. 나도 우와 소리가 절로 나왔다. 저 멀리서 꿀렁이며 넘어온 산줄기가 강물 속으로 스르르 미끄러져 들어갔다. 땅이 끝나는 곳에서 은빛으로 반짝이는 강물, 흰 구름, 하늘, 몸이 붕 떠오른다. 붕 떠서 강물 위를 날아 산줄기를 지나고 구름을 스치다가 강물 속으로 푹 잠수하고 다시 후아 솟구쳐 오르는 상상을 한다. 강물을 따라 바다 쪽으로 가보고 싶다. 저쪽에는 뭐가 있을까? 야트막한 산들이 완만한 굴곡을 이루며 뻗어나가는 저 멀리에는 뭐가 있을까? 보고 싶다. 갈 수 있는 곳까지 가보고 싶다. 남편에게 강을 따라 바다로 나가 보자고 했다. 문수산 정상도 여기까지 겨우 올라온 것도 잊고 한 발 한 발 오른 길을 두 발 세 발 서둘러 내려갔다.

저기가 어딘지 길은 있는지 아무것도 모르지만 강을 따라 바다 쪽으로 가면 될 것 같았다. 어딘지 모르니 내비게이션의 목적지를 검색할 수도 없었다. 지도를 보며 해안 길처럼 보이는 곳으로 향했다. 강화대교를 건너고 조금 지나 우회전했다. 능선에서 본 모습을 떠올리면 이쯤에 바다로 가는 길이 있을 것 같았다. 공사장을 지나자 차도 거의 보이지 않고 사람도 없었다. 어느새 해가 많이 내려와서 조금씩 어두워지고 있다. 그래도 산에서 봤던 풍경을 가까이서 볼 생각에 무작정 액셀을 밟았다. 여기만 지나면 금방 시야가 트이고 강이 보일 것이다. 남편도 옆에서 여기로 가보자, 저기로 우회전 우회진 하며 함께 길을 찾아주었다. 그때 갑자기 강이 불쑥 나타났다. 동시에 우리 앞을 철조망이 가로막았다. 천천히 브레이크를 밟았다. 우리가 산에서 본 풍경에는 철조망이 없었다. 거기에는 구름과 바다와 강과 산이 있었다. 철조망은 이 모든 것들을 촘촘하게 가두고 시야를 엄격히 차단했다. 비상깜빡이를 켰다. 길 한 가운데 차를 세우고 밖으로 나오자 강에서 바다로 나가는 길을 따라 끝없이 철조망이 쳐 있었다. 갑자기 공간도 시간도 확 바뀐 딴 세상에 온 것 같았다. 다시 차에 올라탔다. 계속 달려도 철조망이 집요하게 따라오더니 검문소가 나오고 얼떨결에 검문을 받았다. 바다 건너 저 멀리 산줄기를 따라가려던 상상을 나도 모르게 숨겼다.

연미정에서 차를 세웠다. 더는 가고 싶지 않다. 강화팔경 중 하나로 정자에서 보는 달빛이 아름답다는 설명도 들어오지 않는다. 바다와 맞닿은 성벽에 바짝 붙어 섰다. 바닷물이 빠지고 드러난 펄 위로 새들이 천천히 걷고 있다. 걷다가 휙 날아올라 상공을 선회하고 바다 가운데로 내려간다. 더 멀리 건너편으로 날아가는 새도 있다. 새가 점으로 줄어들고 더는 보이지 않게 되는 저 너머에는 뭐가 있을까? 여기처럼 철조망이 쳐 있을까? 나처럼 이쪽을 바라보는 사람도 있을까? 그가 내 또래라면 철조망 너머로 무엇을 보고 있을까? 나는 전쟁을 겪지 않았고 평소에는 분단을 잘 실감하지 못하는데 풍경이 하나도 눈에 들어오지 않았다. 가까이서 보고 싶었던 풍경을 눈앞에 두고도 자꾸 보이지 않는 것만 보고 있었다. 여기까지 오지 않았다면 어땠을까, 아마도 주말 오후 일상을 벗어나 능선 위에서 본 풍경에 관해 시를 썼을 것이다. 하지만 그럴 수는 없을 것 같았다. 함께 말없이 서서 바다를 바라보는 남편에게 물었다. 이거 써야겠지? 응. 남편의 대답이 단호하게 들렸다.

갈음이해수욕장

오하나

금북정맥이 끝나는 곳에 갈음이해수욕장이 있었다. 인터넷을 검색해도 관련 정보가 많지 않아 직접 가보기로 했다. 내비게이션을 따라 마을로 들어선 뒤에도 같은 곳을 몇 번이나 빙빙 돌아야 했는지 모른다. 골프장과 공사장 사이를 헤매다 우선 차를 세웠다. '사유지 진입금지' 팻말을 뒤로 하고 인적도 없고 바람에 날아온 쓰레기가 드문드문 놓여 있는 길을 따라 걸었다. 좁은 길목 끝에 '갈음이해수욕장' 팻말과 러시아어 안내판이 보였다. 한국인도 찾아오기 힘든 곳에 러시아어 안내판이라니, 이곳을 찾아오는 이들은 누구일까, 근처 안흥항에서 일하는 노동자일까, 한적한 해변을 찾아온 여행자일까, 겨울이라 문 연 가게도 없고 평상에는 모래만 얇게 쌓여 있었다.

뒤틀린 해송만 바다를 향해 얼키설키 서 있었다. 아무도 없는 겨울 해수욕장, 뿌옇게 몰려다니는 모래안개 속에 얼어붙은 기억이 밀려왔다.

역무원으로 보이는 청년이 들어오라고 했다. 나는 울란우데로 가는 기차를 기다리며 철로 너머 꽝꽝 언 바이칼 호수를 바라보고 있었다. 삼월 초도 시베리아의 추위에는 몇 겹씩 껴입은 옷과 두꺼운 외투가 무색할 정도로 어깨가 시렸다. 역무원이 안내한 사무실에는 장작이 빨간 불꽃과 훈기를 내며 타고 있었다. 그는 난로 근처에 배낭 놓을 자리와 앉을 자리를 내어주고 무심히 자기 일을 이어갔다. 그제야 밖이 깜깜해졌다는 걸 알았다. 어서 여기를 떠나고 싶은 마음에 하룻밤도 머무르지 않고 다시 기차에 오를 생각만 했다. 부리야트 사람들을 찾아서 왔는데 마을 주민에게 그들은 이곳을 떠난 지 오래되었다는 이야기를 들었다. 이르쿠츠크에서 관광지도 아닌 이곳 탄코이를 찾아 무작정 기차에서 내렸는데 생각지도 못한 대답이었다.

긴 여행의 마지막 여정으로 러시아를 통해 집에 가기로 했다. 상트페테르부르크에서 기차를 타고 모스크바, 노보시비르스크를 거쳐 고르노 알타이로 갔다. 사람과 닭과 짐을 싣고 온갖 곳에 다 들르는 버스를 타고 겨우 도착한 텔레츠코예 호수에서 알타이 가족을 우연히 만났다. 도착하자마자 감기 기운에 계속 코를 훌쩍이는 내게 파파는 갓 짠 우유를 화덕에 뜨겁게 데워주었다. 큰 컵에 가득 담긴 파파의 우유를 다 마시고 일찍 잠이 들었다. 그다음 날부터는 감기 기운도 싹 가시고 파파를 따라 벌목장을 구경하러 가거나 그 집 아이들을 따라 호수와 숲으로 놀러 다녔다. 그때 나는 처음으로 둥그런 띠처럼 달 주위를 감싸는 달무리를 보고 눈 덮인 호수 위에 누워서 은빛 깃털처럼 빛나는 나무들을 보았다.

그렇게 일주일을 보내고 다시 노보시비르스크로 돌아왔을 때, 나는 숙소에서 우연히 누군가와 마주치거나 누군가 왔었다는 말을 들으면 내 일정을 접고 그들을 따라 시내를 둘러보거나 그들이 갔을 거라는 쪽으로 갔다. 이르쿠츠크에서 바이칼 호수 위를 걸을 때도 호수의 풍경보다 함께 걷게 된 사람에게 시선이 기울었다. 그러다 우연히 여행책에서 탄코이에 관한 글을 읽었다. 거기에는 부리야트 사람들이 살고 있다고 했다. 나는 알타이 가족과 보낸 시간을 떠올렸다. 거기 가면 아무리 해도 가시지 않는 이 추위를 잊게 할 따뜻한 가족을 다시 만날 수 있다고 기대했던 것 같다. 사실은 아직도 잘 모르겠다. 내가 왜 꼭 탄코이에서 부리야트 사람들을 만나려 했고 무엇 때문에 그렇게 낙담했는지. 다만 그때는 그들을 만나면 모든 게 해결될 것만 같은 강한 마음에 사로잡혀 있었다.

청년이 나를 부르며 기차가 곧 올 거라고 했다. 자정을 훌쩍 넘긴 시간, 그를 따라 밖으로 나가자 캄캄한 어둠과 칼바람에 몸이 움츠러들었다. 멀리서 쇠가 긁히는 굉음이 점점 커지더니 거대한 기차가 철로를 따라 가까이 오고 있었다. 청년이 먼저 가서 안에 있는 사람과 짧은 말을 주고받자 문이 열리고 희미한 노란 빛이 새어 나왔다. 그의 도움을 받아 배낭을 기차에 싣고 나도 몸을 기대어 올라갔다. 그에게 고맙다는 인사를 하자마자 문이 닫히고 기차가 다시 움직이기 시작했다. 짧게 스치고 떠나온 탄코이가 이렇게 오래 기억에 남을 줄 그때는 몰랐다.

　복도에는 승무원이 기다리고 있었다. 러시아에서 기차를 타고 이동한 지 한 달이 넘어가서 딱딱한 승무원의 응대에 익숙해졌다고 생각했는데 이날은 아니었다. 표를 달라며 차갑게 재촉하는 그녀에게 나도 모르게 소리를 질렀다. 울음과 한국말이 뒤범벅된 소리가 어둑하고 조용한 침대칸 열차를 깨웠다. 긴 여행에서 꾹 참아왔던 무언가가 한 번에 터져버린 것 같았다. 승무원은 가만히 기다렸다. 내가 조금 진정이 되자 담요를 건네고 복도를 따라 늘어선 이층 침대로 안내해주었다. 그녀는 아무 말도 하지 않았지만 어둠 속에서 그녀의 표정이 차갑지 않다는 걸 느낄 수 있었다. 잠에서 깨어 몸을 일으켰던 사람들이 다시 흔들리는 침대에 누웠다. 나도 신발을 벗고 침대에 누워 담요를 머리끝까지 덮었다. 기차가 흔들리는 소리와 사람들이 뒤척이는 소리만 커졌다 작아지기를 반복했다. 울란우데, 하바롭스크, 블라디보스토크, 자루비노, 속초, 남은 밤과 길이 너무 길게만 느껴졌다.

그들에게 여기는 금북정맥도 지령산 자락도 아닐 것이다. 유명 관광지도 아닌 이곳에 어떻게 왔을까, 먼 이국의 바다에서 무엇을 보고 갔을까, 이 바다는 어떤 기억으로 남을까, 해변 끝에서 끝으로 걸었다. 안개에 바다는 완전히 가려지고 파도 소리만 거칠게 밀려왔다 밀려갔다. 아무리 몸을 수그리고 옷을 여며도 얼음장 같은 바람이 외투 속을 파고들었다.

빗방울화석 시인들

신대철 1945년 충남 홍성 출생.

김택근 1955년 전북 정읍 출생.

김일영 1958년 전남 순천 출생.

김홍탁 1961년 서울 출생.

손필영 1962년 서울 출생.

조재형 1964년 충남 당진 출생.

이성일 1967년 강원 주문진 출생.

최수현 1970년 전남 여수 출생.

이승규 1972년 서울 출생.

박성훈 1975년 강원 묵호 출생.

장윤서 1975년 서울 출생.

한국호 1983년 경남 김해 출생.

오하나 1983년 서울 출생.

시인별 시 찾아보기

김일영

지리산 삼신봉을 오르며 · 98
바람주머니 · 249
시루산에서 · 259
연리지 · 264

문수산 역암 · 270
아름다운 아픔 · 337
바람에 불려 간 날 · 341
생창리 · 354

박성훈

박쥐구멍을 찾아서 · 36
기다리다 보면 · 44
바람억새 · 64
바위의 빛으로 · 66

들리나요? · 69
반란군 · 107
그 산에 가려고 · 108
현등사 목탁 소리 · 338

손필영

대박등 해바라기 밑에서 · 20
구문소 · 22
통리역 · 23
통리협곡에서 · 24
길등재 · 32
단조늪 · 46
천성산 늪에서 · 55
누구나 정맥 하나 감고 있다 · 68
인도기러기 · 77
무학산 까마귀 · 83
유수교를 건너면서 · 84
스치는 향기 · 86
쌍봉사에서 · 123

이나무와 굴참나무 · 131
추령에서 · 132
무명씨들 1 · 146
무명씨들 2 · 149
뜬봉샘 · 159
마이산 · 163
데미샘 · 164
나제통문 · 165
부소산에서 · 181
다락골 줄무덤 · 214
바우덕이 무덤 · 220
칠장산, 초가을, 4시 · 233
간벌 · 246

시인별 시 찾아보기   531

낙가산을 찾아 · 247
내려온 능선 · 258
보구곶 · 267
계양산 · 282

우이령을 걸으며 · 301
가느다란 미소 · 302
대성산을 내려오며 · 358
타버린 길 · 359

신대철

산늪 1 · 19
담안리 · 81
지리산 가는 길 · 103
황해 1 · 157
장안산 · 176
그 후 소식 없이 · 186
우금치고개 · 192
대둔산 소년 · 196
물결 · 198
말집 · 200
나무 밑으로 · 202
일엽 스님을 스치다 · 208
오서산 1 · 211

구룡리 · 215
구봉광산 뉴스 · 217
바람결에 눈 흔적 · 227
팽나무에서 내려온 길 · 229
건너뛴 한 구간 · 239
북상골 · 251
오장환 생가 · 253
두루봉동굴 · 255
혜산의 퀸셋 작업실 1 · 286
혜산의 퀸셋 작업실 2 · 288
국망봉에서 2 · 349
금강산선 · 360

오하나

켜켜이 간직하는 줄 모르고 · 40
너릿재 · 128
짱돌 · 139
정맥길 · 141

갈음이해수욕장 · 205
줄넘기 · 262
산책 · 269
끝나지 않은 기도 · 283

이성일

영혼그림 1 · 51
영혼그림 2 · 53
화엄벌 마당바위 · 57

돌아오지 않는 과거는 없다 · 166
버찌 산행 · 169
산이 산을 향하면 · 172

다시 정맥으로 · 272
다시, 살고싶다 · 274
넘은 산, 흘러오네요 · 277
살고 싶다 · 293
겨울 도치 · 311
고래숨처럼 · 315

덩굴손 · 318
절집마을 · 320
봄은 빛쟁이들에게서 온다 · 322
태풍에 쓰러져도 · 342
먼 산 바라보려거든 · 356

이승규

철암 · 26
잠자리와 함께 · 49
속잎 피우며 · 62
몰운대에서 · 71
묵계 · 96
떠오르는 길 · 105
편백나무 사이로 · 115
보림사 보물일까? · 119
계당산 봄까지꽃 · 121
무등, 무등산이여 · 129
물속마을 따라 · 137
불행을 막기 위한 일 · 143
조약봉 가는 길 · 153

신동엽 옆에서 · 184
육군통신학교 · 188
제멋대로 휘어진 · 222
아는 얼굴 · 224
칠장산에서 · 235
앉은뱅이꽃 · 237
날개 밑에서 · 285
열원을 지나며 · 291
노적봉을 향하여 · 299
꽃을 기다리는 동안 · 307
백운대 · 334
국망봉 가는 길 · 344

장윤서

남방한계선 · 28
이단 · 30
끈끈이주걱 · 42
천성산에서 · 60
말하라 · 90
구들장 밑에서 · 94
매화 마을에서 · 111

꺾여도 · 117
너릿재를 넘다 · 125
붕어섬 · 134
심통 · 155
제발 개틀링건 좀 쏘자 · 189
로드킬 · 218
또 하나의 바람 · 242

큰산의 정기 · 244
중심성을 쌓으라 · 280
유성이 온다 · 304

후등 · 331
사패산 가재 · 335
춤을 춥시다 · 346

조재형

도롱뇽 옆에서 · 58
모래능선 · 207
무수목 · 260
만경대에서 · 325

고독의 길 · 327
인수봉 · 329
산에서 산을 찾고 있네 · 352

최수현

무제치늪 · 38
숨 · 47
발자국 · 87
섬진강이 흘러 들어온다 · 88
검은 산 · 113

무진장 여름 · 161
마애여래 미소 · 309
산벚나무 아래 · 310
들리지? 그 소리 · 339

한국호

동네 뒷산 오르듯 · 34
나밭고개 · 79
기둥 · 182

명당 2 · 210
명당 1 · 226

빗방울화석 백두대간 정맥 시집
나는 흔들린다, 속삭이려고,
흔들린다, 귀 기울이려고

ⓒ빗방울화석, 2023

초판 1쇄 2023년 8월 1일 펴냄

지은이	빗방울화석 시인들
펴낸이	조재형
표지	박지훈
제작	정원문화인쇄
펴낸곳	빗방울화석

등록	제300-2006-188호(2004. 12. 13)
주소	경기도 파주시 교하읍 문발리 파주출판도시 535-7
전화	010·3757·5927
이메일	kailas64@hanmail.net

ISBN 979-11-89522-03-2 (03810)

잘못된 책은 구입하신 곳에서 바꾸어드립니다.